央美视界

央美附中坚实教学与考前实战

编　著:韩和克　主　编:王海强

谢绝参观
No Admittance

前言

“不积跬步，无以至千里”

《荀子·劝学》

这本书中收集了我和2010届学生的部分作品，这些学生也在各大院校的考试中取得了优异的成绩。藉此，我有幸把一些优秀的考前作品选出来供全国的考生评价与学习。

我对中央美术学院严谨的教学可以说是非常了解的。上学期间和毕业后多年的教学经历也让我对考学积累了很多经验，为全国各大艺术高校培养出一批艺术精英。在此，我也将十多年的一些教学经验和感悟整理出来与全国的考生分享，希望他们能在今后的专业基础造型学习和训练中有所受惠。

韩和克

徐悲鸿先生塑像

作品名 大卫 | 作者 韩和克 | 尺寸 380 × 520mm | 工具 铅笔

目录

坚实教学

- 关于素描教学 | 7
  1. 素描静物 | 8
  2. 素描头像 | 14
  3. 素描半身像 | 26
- 关于速写教学 | 35
  1. 站姿速写解析 | 36
  2. 坐姿速写解析 | 37
  3. 场景速写解析 | 38
- 关于色彩教学 | 57
  1. 色彩静物 | 58
  2. 油画头像 | 62
- 关于创作教学 | 71
  创作解析 | 72

考前实战

- 素描头像 | 83
- 素描半身像 | 98
- 单人速写 | 118
- 场景速写 | 134
- 色彩头像 | 142
- 创作 | 150

10

坚实教学

关于素描教学

“素描”是造型艺术中一个极为广泛的领域,有着众多的流派与体系。就基本功能与目的来说可以分为三类:一是一种独立的艺术表现手段和绘画样式;二是指研究造型基本规律的一门学科,作为艺术教育的基本练习之一;三是可以作为创作草图画稿素材收集的手段。

在素描的基础教学中要求从研究客观物象的关系出发,整体立体地描绘对象,形神兼备地表现空间中客观的具体对象。做到把对物体的客观认识和在一定环境中的视觉感悟结合起来,把握好现象与本质的关系。也就是把理性与感性很好地结合在一起的造型规律。在考学的过程中考官们也是以此作为评判试卷的标准。所以在多年的教学经验中,我抓住这一规律去引导学生的习作。风格无非是一种表现手段,但内容却离不开本质,所以无论考什么学校都必须把握这一规律。

我从附中与备绘画专业学校、画室的教学方法中总结了一些近年来考学评卷的要点。附中的教学是严谨的,对物象的研究有一个模式化的教学方式。凡是在这一方式下学习的学生必定是“出手成章”的。画出的作品空间、质感、体积、完整性、整体感都很充分。可见这一体系下培养出来的学生功底极强。但也会导致一部分学生画得很类似。长期习作经常会出现死板僵硬的毛病。这是因为大量理性的认识会束缚学生对物象本身的感受,把物象看作是没有生命的物件,得到像是拿相机复制的效果。虽然画面不会有比例结构和空间上的问题,但缺乏灵动的趣味性。在学生的绘画中我经常会发现一些习作有很强的表现力,活跃的技法和肯定的用笔往往会让这些画面“活”起来,看起来生动很多。优秀的高等艺术院校总是要选取有扎实的基本功,并对生活感知能力等综合素质较高的学生,所以在教学中我也提倡综合素质教育。

方法上我经常把大师的作品拿出来分析,让学生知道他们之间的画法都是有区别的,但是每个大师对画面的处理都精彩绝伦。学生们通过比较对照分析出不同大师之间的风格区别,也从中学习到各种处理空间形体构图的方法,这样就能在自己的练习中找到明确的方向。

●

从研究客观物象的关系出发,

整体立体地描绘对象,

形神兼备地表现空间中客观的具体对象。

1. 素描静物

（1）构图

静物素描的表现对象一般都是我们日常生活中常见的东西，如各种器皿、水果、蔬菜、文具等。它们形态各异，各有自己的形体特征，对于这些器物合理的搭配组合，就形成了我们绘画所需要的画面。物体的组合要讲究形式美，要选择大小不同、颜色深浅不同、造型不同的器物进行搭配，达到相互映衬、既变化又统一的效果。我们要善于发现身边那些不太被我们注意的器物所呈现的美感。

静物的组合规律一般有：

主次分明，有远近、疏密的变化。

物体之间有高低、大小、形状的不同变化。要力求空间前后错落有致、变化丰富。

物体之间位置、大小、深浅的安排要均衡，重心要稳。

物体之间的固有色和质感要有明显的对比。

传统的静物组合往往表现为重心稳定、物体主次有序、空间虚实合理的三角形构图，但难求新意。因此在摆放静物的时候我们不妨打破一些常规的组合模式，力求构图新颖、视角独特，在绘画基础的初级阶段就开始培养创造性的思维方式。

（2）体积感和空间感

体积感和空间感是素描训练的重要目标。在作画时我们首先要对物体有个整体的观察，分析物体的结构变化及透视关系，观察明暗交界线在不同物体上的变化，注意物体的前后空间关系和由此产生的虚实对比。从微观上讲，我们描绘物体时常通过局部的明暗变化、笔触的方向及强弱等变化营造出物体的体积感，明暗交界线对于整个物体的体积感表现至关重要。物体之间的虚实对比会形成画面的空间感。在作画过程中要时刻注意主次关系、细节服从整体的规律、物体的明暗虚实及形体透视所形成的画面大关系，这样画面的体积感和空间感才能更加强烈。

（3）物体的质感

由于物体的种类不同，可以按其质地分为：粗糙质地、光滑质地、柔软质地、坚硬质地等。我们常用的静物材料有：陶瓷类、金属类、玻璃

●

在作画过程中要时刻注意主次关系、

细节服从整体的规律、

物体的明暗虚实

及形体透视所形成的画面大关系，

这样画面的体积感和空间感才能更加强烈。

作品名 素描静物 | 作者 孙汝哲 | 尺寸 380×520mm | 工具 铅笔

类、水果类、蔬菜类、文具类等。由于物体质地不同，在绘画的表现手法上也要有所不同。

粗质地类：表面粗硬，刻画时线条要粗松些，高光不明显，反光也不强烈，形体相对简练、概括，如陶类器物。

细质地类：此类物体质感强，表面光亮，质地坚硬，高光、反光都很明显，刻画时线条要严谨、细致些。对于这类物体的表现要整体观察，注意取舍，不要只停留在局部，不要被过多的细节所干扰。对暗部较强的反光要适当削弱，避免产生花、乱的感觉，如瓷类器物。

因此，对于不同质地的物体要在把握其大的明暗关系的基础上做到质感的完美体现。

作品名 素描石膏几何体组合 | 作者 叶子修 | 尺寸 380×520mm | 工具 铅笔

作品名 自行车 | 作者 叶子修 | 尺寸 380×520mm | 工具 铅笔

作品名 塔头 | 作者 李响 | 尺寸 380×520mm | 工具 铅笔

作品名 塔头 | 作者 李昊 | 尺寸 380×520mm | 工具 铅笔

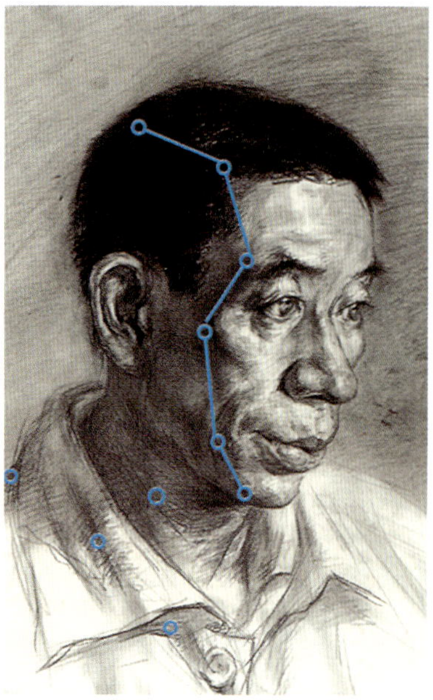

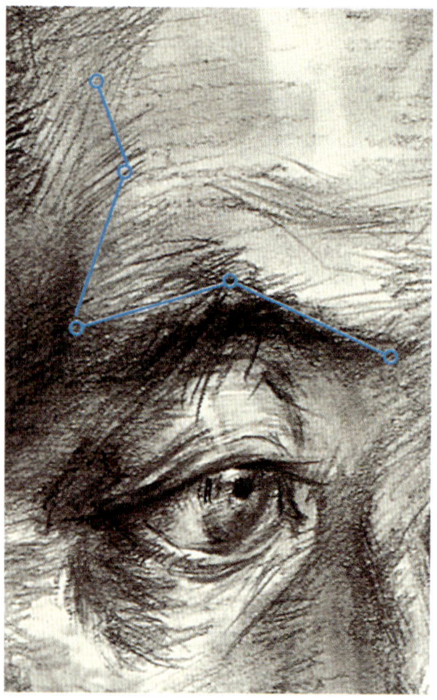

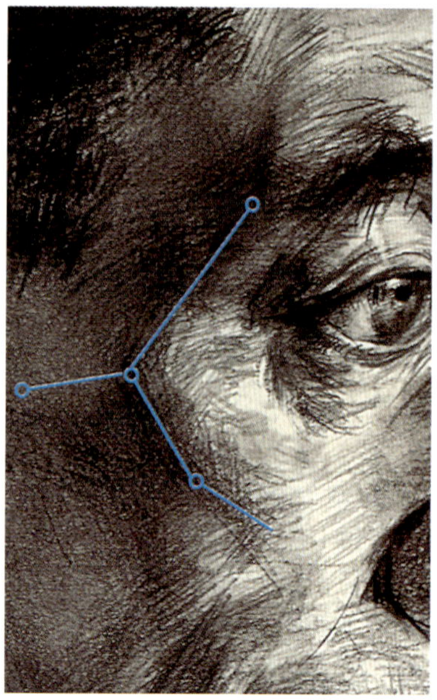

2. 素描头像

●

头发是黑色块

脸的暗部是深灰色块

背景是中灰色块

脸的亮部是亮灰色块

衣服是白色块

整体地划分出画面的大块颜色

使画面明确丰富

（1）构图

这是一张3/4侧面角度的头像，要为前方视线多留一些空间。头顶上方也要空出一定的距离，衣服可以画到第二颗扣子。这样，画面能充分地表达出空间感，还可以清晰地表现头、颈、肩的动态关系。（当然构图也不是一成不变的，应该根据画面要表达的意思来组织构图。）

（2）对形的理解

1)对形象平面的认识：脸部呈倒瓜子形，肩部呈山坡状。主要是指由模特外形特征构成的边缘线的形状。

2）对形象空间的认识：头部为一个长方体，颈部呈圆柱体，肩部呈长方体。主要指立体地认识形象结构在空间中的形态。

通过对这两种形的认识，可以准确地表现出模特的形象特征以及结构在透视中的准确位置，从而避免局部简单地抄边缘线找形的方法。

（3）空间与效果

1）明暗交界线：这条线从后脑勺通过颧骨连到下颌骨，再从下颌骨到颈部到衣领。整条交界线通过虚实变化表现出各大形体的转折结构和空间关系。

2）影子：头部和颈部的影子在肩上的显示、头部影子在颈上的显示以及衣领的影子，表现了形体与形体的衔接关系。（注意影子近实远虚的效果表现。）

3）黑白灰效果：头发是黑色块，脸的暗部是深灰色块，背景是中灰色块，脸的亮部是亮灰色块，衣服是白色块。整体地划分出画面的大块颜色，使画面明确丰富。（在每个色块中再区分出更多的变化。）

4）节奏：头发概括、面部精彩丰富、衣服松动，从上往下表达出松、紧、松的节奏关系。

（4）局部结构的理解、刻画

1)眉弓：理解成为一个翻转的面。注意外侧眉弓部分有个向上转的明暗交界线，以及眉弓翻转处由实到眉心变虚的变化。

2）颧骨：颧骨是头部正、侧面分界的重要节点，注意颧骨上的各个面向不同方向延伸。

3）眼睛：总体上可以理解成镶在眉弓下的一个球体，上下眼皮是附在球体上的有厚度的保护层。注意眼睛作为球体时明暗交界线的表

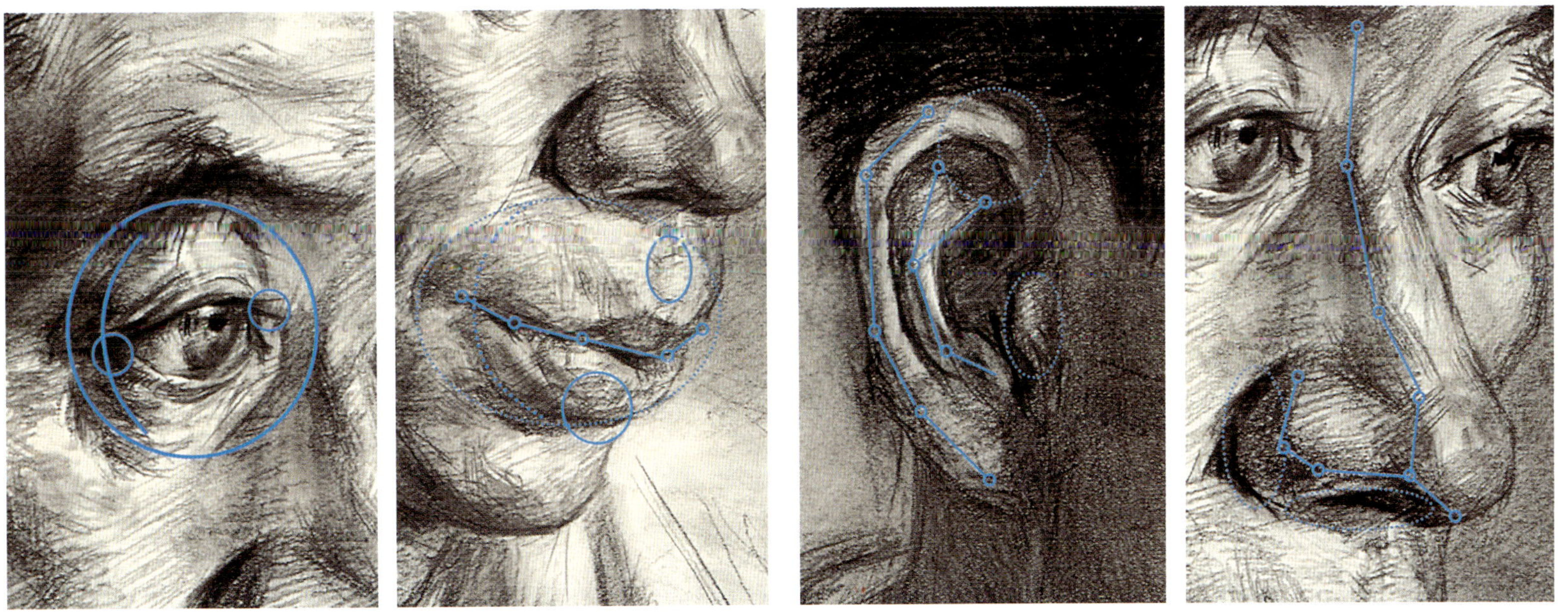

达、眼白球体的表达以及瞳孔的表达；注意眼皮的厚度，上眼皮要压着下眼皮；注意眼睫毛的质感；注意下眼袋的体积表示。

4）鼻子：可以理解成在一块长楔体的两侧附加两个小方体。注意鼻底明暗交界线从鼻翼到鼻头的虚实变化、鼻子侧面鼻梁骨的硬度表现以及对边缘线的处理，还要注意鼻子投影的虚实变化。

5）嘴巴：可以理解成是在一个半球体上开了一道划口，翻露出来的部位就是嘴唇。注意抓住这个半球体的明暗交界线以及与下巴和犬齿隆凸的微妙衔接，还要注意上下嘴唇明暗交界线由近及远的变化及唇纹人中的表现。

6）耳朵：可以理解成是立于头部两侧的倾斜的片状体。这个体的转折很复杂，变化也很多。注意把握耳部整体边缘的宽窄、软硬和明暗交界线的变化，注意耳廓上沿由外向内的翻转、耳轮的Y字形变化以及对耳廓的刻画。

作品名 素描男中年 | 作者 韩和克 | 尺寸 380×520mm | 工具 铅笔

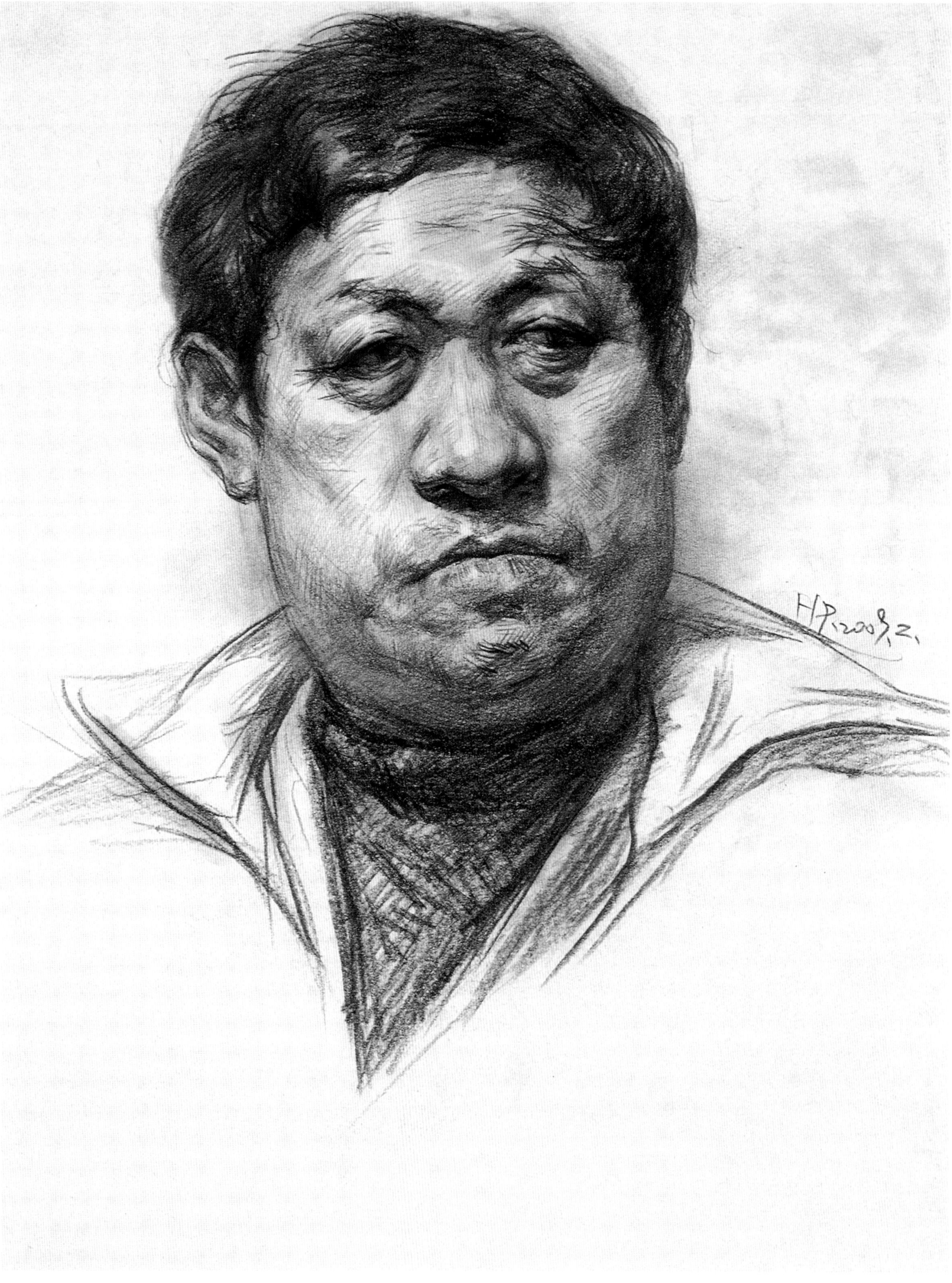

作品名 素描头像丨作者 韩和克丨尺寸 380×520mm丨工具 铅笔

作品名 素描头像 | 作者 韩和克 | 尺寸 380×520mm | 工具 铅笔

作品名 素描胸像 | 作者 韩和克 | 尺寸 380×520mm | 工具 铅笔

作品名 素描头像 | 作者 韩和克 | 尺寸 380×520mm | 工具 灰笔、色彩笔

作品名 素描头像 | 作者 韩和克 | 尺寸 380×520mm | 工具 铅笔

作品名 素描头像 | 作者 韩和克 | 尺寸 380×520mm | 工具 铅笔

作品名 素描头像 | 作者 刘时宇 | 尺寸 520×380mm | 工具 铅笔

从这张长期头像作业中可以看出这名学生扎实的基础功底。他选择这样一个特殊的角度是想把这张习作处理成具有创作感的肖像。

作品名 素描胸像 | 作者 韩和克 | 尺寸 380×520mm | 工具 铅笔

作品名 素描胸像丨作者 韩和克丨尺寸 380×520mm丨工具 炭笔

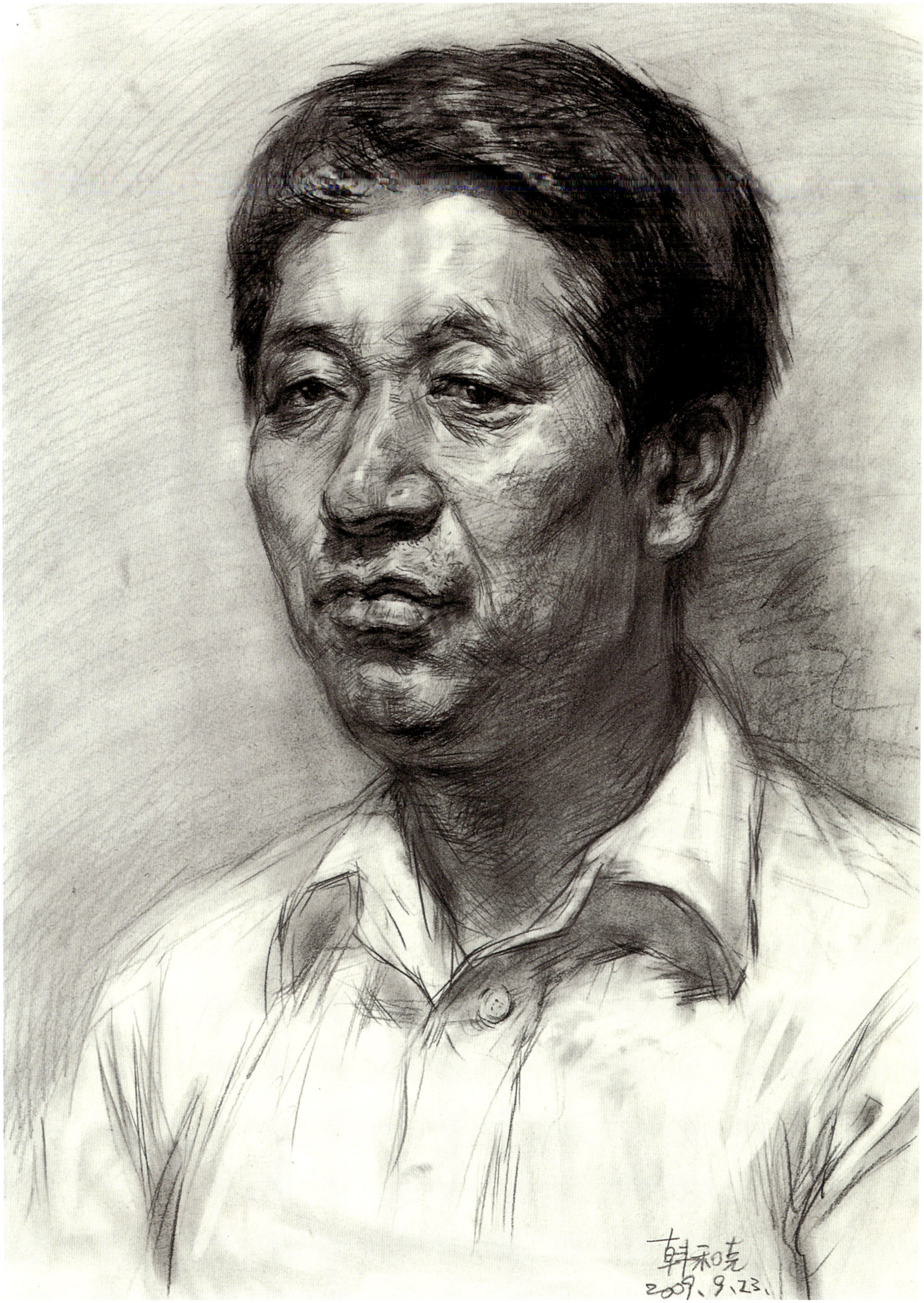

作品名 素描头像 | 作者 韩和克 | 尺寸 380×520mm | 工具 炭笔

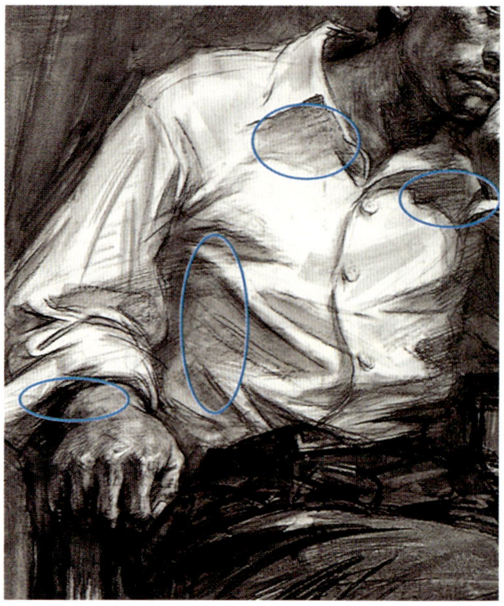

3. 素描半身像

●

头是一个长方体，

脖子是圆柱体，

胸廓是长方体，

腰部是圆柱体，

胯部是略扁的长方体，

上臂和前臂是四个圆柱体

（1）构图

这是一张正面的半身像，人物画得不大但画面构图饱满。虽然上半身向右侧倾斜，但左右胳膊肘处于同一水平线上，同时画面下方也表现出腰、胯和腿部的动态。上方留出了较大的空间平衡画面。

（2）形象结构动态

模特是中年人，白衬衣、皮带、黑西裤，头虽然歪着，但眼睛还是盯着画者的。对于这样的动态，表达之前要理解人物的体块关系（头是一个长方体，脖子是圆柱体，胸廓是长方体，腰部是圆柱体，胯部是略扁的长方体，上臂和前臂是四个圆柱体）。通过分析这些形体的摆放位置来体现这个模特的动态。

（3）画面的主次表达

由于这一动势画面的精彩部分表现在头和托头的手部，所以画面的重心会向右上偏。这时强化左下方的手就会拽住这种力，而且是一种牵引的控制力，可以平衡画面（好似放风筝）。
其他部位都作概括和松动处理，更能突出画面的主体，这样画面的表达会更有主动性。（绘画不单单是在展示自己的塑造能力，多分析大师的作品能提高自己对画面的修养，同时积累画面处理经验。）

（4）黑白灰处理

这个画面之所以强烈，主要在于将背景控制为深灰色块，衣服的大面积留白与其形成对比。但每块颜色又有各自微妙的变化，所以不失简单。为了强化画面而简单地拉开画面黑白的处理方法并不可取，而且每张都采用同样的处理方法是很没有修养的表现，所以一定要根据模特在环境中的状态选取最合适的表达方式。

（5）细节的表现

头部刻画应像素描头像一样，但放在整个半身像画面中要处理好整体与局部的节奏变化。不能一味地表现头部让画面脱节，而且头部并不是在最前面的空间。在这幅画中，对手部的刻画不能只是一根一根地画出每根手指，还要将手部理解为长方体，以三个可见面来表现。把腕部也要看成长方体，另外衣领、袖口、衣襟的投影也体现着衣服与皮肤的空间关系。

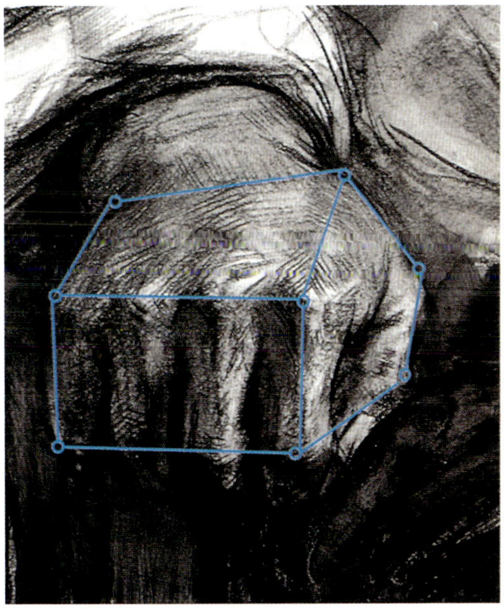

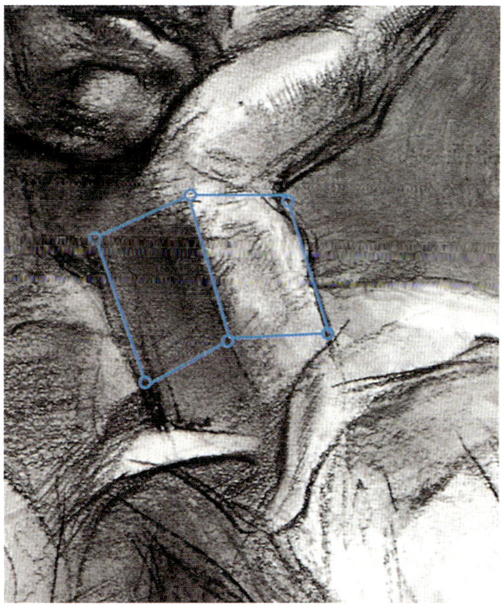

作品名 素描半身像 | 作者 韩和克 | 尺寸 380×520mm | 工具 铅笔

作品名 素描半身像 | 作者 刘时宇 | 尺寸 380×520mm | 工具 铅笔

作品名 素描半身像 | 作者 韩和克 | 尺寸 380×520mm | 工具 铅笔

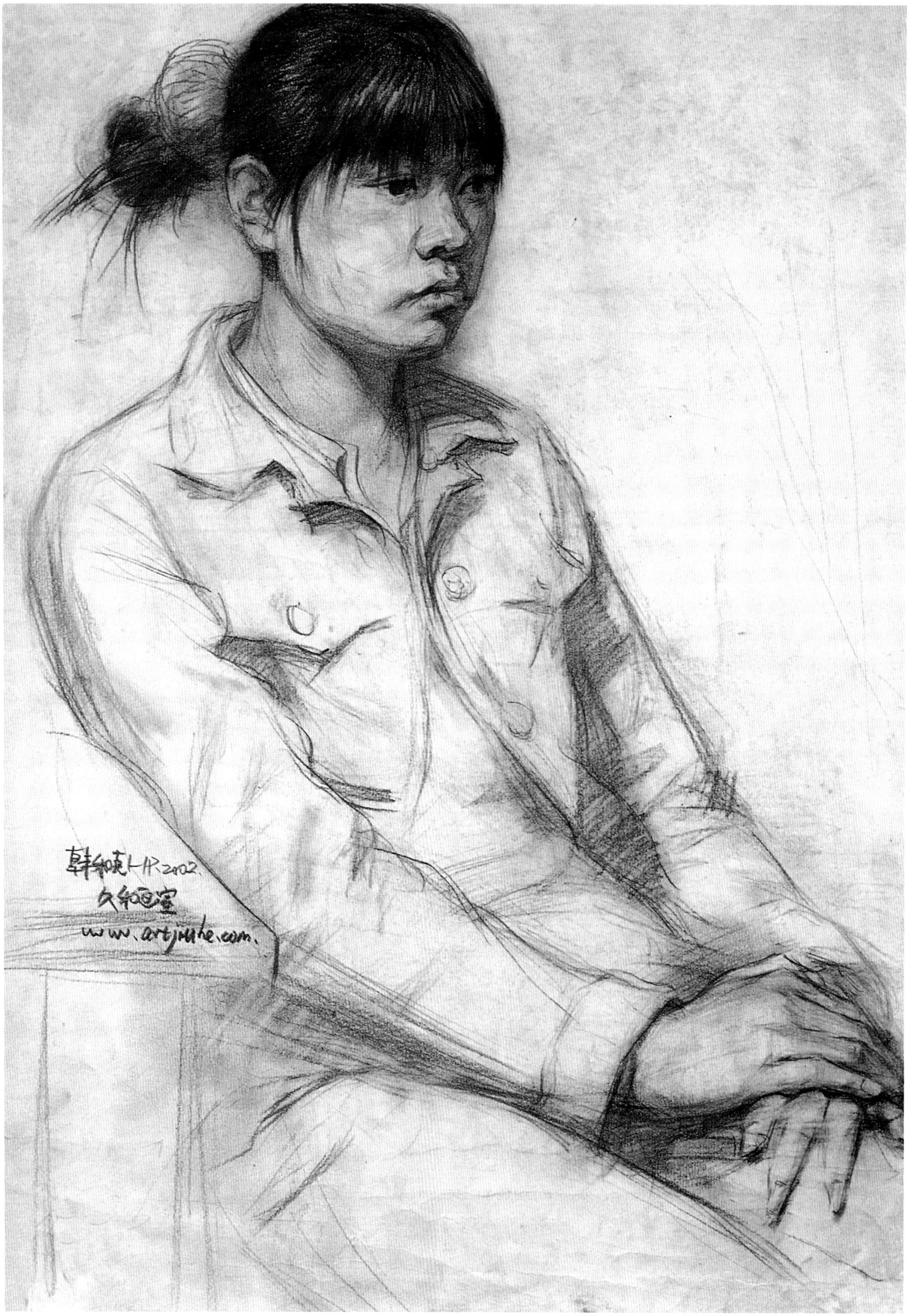

作品名 素描半身像 | 作者 韩和克 | 尺寸 380×520mm | 工具 铅笔

作品名 素描全身像 | 作者 韩和克 | 尺寸 380×520mm | 工具 炭笔

作品名 素描半身像 | 作者 韩和克 | 尺寸 380×520mm | 工具 炭笔

作品名 素描半身像 | 作者 韩和克 | 尺寸 380×520mm | 工具 炭笔

作品名 素描半身像丨作者 黄翠丨尺寸 380×520mm丨工具 铅笔

速写是积累，就像日记。速写是对生活中事物的专注观察并从中找出变化和规律的方式。

○ 关于速写教学

速写是训练造型能力的基本功，目的在于培养学生对生活中形象的敏锐观察能力。其实速写与素描同属一类艺术语言，只是在考试中对二者的时间限制是有一定区分的，速写分为动态速写、场景速写与默写等形式，风格上有线描、光影、线面结合、综合材料等形式。

速写是积累，就像日记。附中历来重视生活速写，这些速写课程大多不是在课上摆模特练习，而是在课间、放学后、假期等课外时间完成。速写内容也十分丰富，任何事物都可以成为描绘对象。时间可能是几秒钟也可能是几天。有时往往为了画走路的动态要跟在别人后面走几站的路。也可能为了画一处雪景，在冰天雪地里蹲大半天，甚至没画完第二天再来画。可见速写是对生活中事物的专注观察并从中找出变化和规律的方式。这些训练看起来跟考学时画的内容相差甚远，但正是这些训练的积累造就了头手眼能力的提高，这才能轻松应对考试的内容。所以平时很有必要"速写本随身带随时随地画起来"。

在早期的速写训练中，不需严格按时间的限制去完成考试样式的速写。对摆出的模特应细心观察，抓住模特整体的气质。可以从感兴趣的局部直接进入，把这些局部充分地表现出来。虽然速写强调整体，但是没有技巧表现局部，张张画大型，长时间没有进步，学生会慢慢丧失画速写的兴趣。从兴趣的局部训练中看到自己的进步，学生会更有动力地去学习，在引导中慢慢加入比例、动态、结构、空间、节奏等要点。这样循序渐进地学习不会枯燥，同时还能取得更快的进步。

1. 站姿速写解析

(1)人物气质特征感受

这张速写抓住了男青年站立时的姿态，体现出硬、方、瘦的外形特征和精神、帅气的性格特征。

(2)动态结构

速写准确地画出了男青年站姿时七头身的比例关系。整个动势中，人的重心落在右脚上，右胯上提，左脚顺势向前踢出。左手放在脑后，头部微微向下低，左臂上抬胳膊肘顺势向前挺出。左肩因左臂抬起而抬高，造成左边胸廓打开，胸部形体与胯部形成扭动。

(3)细节刻画

头部相对深入，通过头发上的高光体现头颅的体积感。五官都要刻画到位，模特的眼神、嘴角的表情以及脖子上的饰品，都体现出速写的趣味性。胳膊肘的强化边线体现出肘尖在前的空间关系。衣服刻画得概括与裤褶刻画得丰富形成对比，皮靴表现出皮质的高光以及内部的脚型，另外双腿也作了前实后虚的处理。

(4)表现技巧

线与面的结合。线条要画得松动、流畅、一气呵成，把头发、鞋处理成黑色，衣服留威白色，裤子处理成灰色，拉开黑白灰色块的关系。在腰、胯、腿部、胳膊蹭出暗面表现体积。

,

●

速写不一定完全都是以黑白灰平涂来区分色调，

表现形式也没必要都类似。

主旨还是要根据模特的状态和绘画者自身对这一

状态的感受作出主动表达。

所谓的强烈效果，

是用最巾切的手段表达出模特的造型。

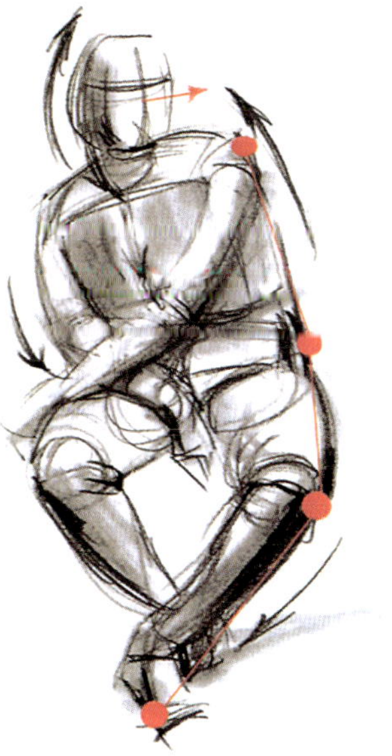

2. 坐姿速写解析

(1)人物气质特征感受

模特是坐姿，体态偏胖，形象夸张有趣，表情个性鲜明。

(2)动态结构

两腿自然分开，双脚前后交叉，左手放在右腿上，带动胸部向右扭转左肩在前。这样整体动势向右倾，画面左边的力量偏重，但头部向左转并且眼神也朝向左侧，拉回了动势的偏移，使动势保持稳定。胸部内含，显示出由于模特体态偏胖，体现出的放松自然的状态。

(3)空间表达

坐姿从正面角度表达空间是具有一定难度的。这张速写采取这样的方法处理空间：首先，膝盖和左脚位置在最前，所以在对比上处理得最强；其次，从膝盖到大腿由实及虚，到腰、胯部位又稍作强化处理；然后，再由实及虚地处理到更远的肩部。这样从膝到腰到肩的空间关系通过强中弱的方式就表现出来了。

(4)效果表达

面部用较尖的笔画出后用擦笔作出少许概括的空间处理，注意点到为止不能画死。用手蹭出手、手臂、腿的体积关系。尤其要对最靠前的膝盖交代出高光，使效果表达更加充分。另外通过局部的小黑块(衣领、袖口、鞋子)、花纹(衣服条纹)等来表现画面的节奏。

速写不一定完全都用黑白灰平涂来区分色调，表现形式也没必要都类似。主旨还是要根据模特的状态和绘画者自身对这一状态的感受作出主动表达。所谓的强烈效果，是用最贴切的手段表达出模特的造型。

作品名 场景速写 | 作者 王文茜 | 尺寸 380×520mm | 工具 炭笔

3. 场景速写解析

(1) 场景气氛感受

整幅作品通过对主体人物、次要人物神态和动势的刻画，以及环境的表现，强化出画面紧张的学习气氛。

(2) 画面结构

场景速写表现的画面结构主要包括：黑白结构、空间结构、主次结构。画面的黑白结构主要是通过对画面黑、白、灰色调的整体安排，使画面形成明暗的秩序，从而形成不同的画面气氛。空间结构主要通过透视、虚实的处理来强化场景进深，突出前景，弱化远景。画面的主次结构是指对主体人物的神态、动势、衣着细节进行深入刻画。次要人物主要起调节画面节奏的作用，人物刻画要概括，表现手法要放松、随意。

(3) 细节刻画

对细节的刻画有助于增强整个画面生动性。前景女孩衣服上的图案解决了背部简单的明暗变化。画面前景中的凳子和可乐瓶的刻画调节了画面的比重，增加了画面的空间层次。

(4) 表现技巧

线与明暗色调的结合。线条要画得松动、流畅、一气呵成，在重要的部位要敢于强化。色调主要是为了刻画人物的形体关系和表现画面大的空间明暗关系，要注意深浅层次的变化。

作品名 场景速写 | 作者 叶子修 | 尺寸 265×360mm | 工具 炭笔

作品名 速写头像 | 作者 刘时宇 | 尺寸 265×250mm | 材料、铅笔、水彩

作品名 速写头像 | 作者 刘时宇 | 尺寸 265×250mm | 工具、铅笔

这组淡彩小头像形象生动地反映了有代表性的几类人物，通过大量的这种局部练习，能使学生敏锐地把握住人物的形象感受。

作品名 站姿速写Ⅰ作者 韩和克Ⅰ尺寸 265×360mmⅠ材料、炭笔、色粉笔

作品名 坐姿速写 | 作者 韩和克 | 尺寸 265×360mm | 工具 铅笔

作品名 坐姿速写 | 作者 韩和克 | 尺寸 265×360mm | 工具 炭笔

作品名 坐姿速写 | 作者 韩和克 | 尺寸 265×360mm | 工具 铅笔

作品名 坐姿速写 | 作者 韩和克 | 尺寸 265×360mm | 工具 炭笔

作品名 小女孩 | 作者 潘黎 | 尺寸 265×360mm | 工具 色粉笔

作品名 坐姿速写 | 作者 韩和克 | 尺寸 265×360mm | 工具 铅笔

作品名 站姿速写 | 作者 刘晓宇 | 尺寸 265×360mm | 工具 色粉笔

作品名 坐姿速写 | 作者 潘黎 | 尺寸 265×360mm | 工具 水彩、铅笔

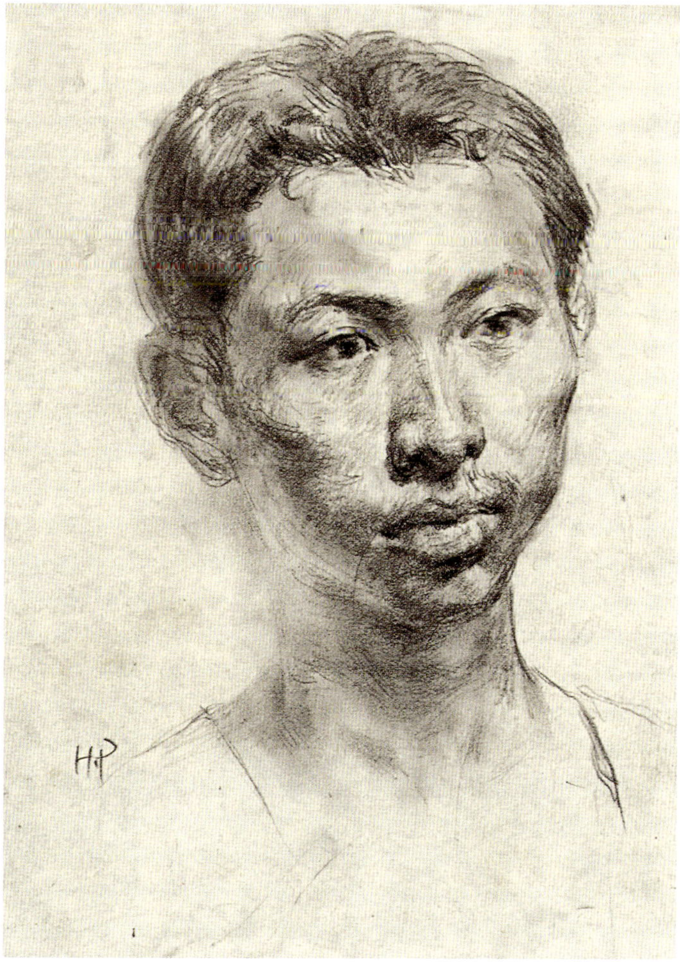

作品名 头像速写 | 作者 韩和克 | 尺寸 265×360mm | 工具 铅笔

作品名 坐姿速写 | 作者 韩和克 | 尺寸 265×360mm | 工具 铅笔

作品名 手机查单词 | 作者 蔡佳妹 | 尺寸 380×520mm | 工具 铅笔

作品名 下棋 | 作者 刘晓宇 | 尺寸 265×360mm | 工具 铅笔

作品名 坐姿速写 | 作者 韩和克 | 尺寸 265×360mm | 工具 铅笔

作品名 坐姿速写 | 作者 韩和克 | 尺寸 265×360mm | 工具 铅笔

作品名 工地 | 作者 陈薷旬 | 尺寸 380×520mm | 材料 油画

作品名 回家 | 作者 周华 | 尺寸 360×265mm | 工具 铅笔

作品名 冬日 | 作者 韩和克 | 尺寸 360×265mm | 工具 铅笔

作品名 巷子 | 作者 韩和克 | 尺寸 265×360mm | 工具 铅笔、色粉笔

场景速写训练对把握画面整体和深入细节有很大帮助。要用耐心和热情诠释自己感兴趣的事物。

作品名 铁路 | 作者 高磊 | 尺寸 360×265mm | 工具　铅笔

作品名 小街 | 作者 周华 | 尺寸 360×265mm | 工具　铅笔

作品名 荒山 | 作者 韩和克 | 尺寸 360×265mm | 工具 铅笔

作品名 屋后菜地 | 作者 韩和克 | 尺寸 360×265mm | 工具 铅笔

作品名 什刹海 | 作者 韩和克 | 尺寸 360×265mm | 工具 铅笔

作品名 小院一角 | 作者 潘黎 | 尺寸 265×360mm | 工具 铅笔

作品名 墙角 | 作者 韩和克 | 尺寸 265×360mm | 工具 铅笔

作品名 油画头像 | 作者 叶子修 | 尺寸 380×520mm | 材料 油画颜料

色彩的认识本质上还是造型认识，只是用色彩这种手段去加强画面效果罢了。

○ 关于色彩教学

在色彩教学中我提倡感受的扩大化。学生在初学色彩时往往比较胆小，对于已看过的范画书上的步骤和已完成范画的样式或多或少会有一些记忆，可能会觉得有差距以至于画得拘谨，所以进步很慢。其实色彩比素描更容易进步(要有初生牛犊不怕虎的精神)，先什么都不用想，色彩关系、冷暖比较、塑造空间全不用理会。这些方法会限制学生在画之前的自由意识，同时减弱来自物象的第一直观的色彩感受。

我在附中刚接触到油画头像时，对于怎样也无法调准颜色很是郁闷。那时我们是由申玲老师教，她为人十分开朗，授课方式也很独特。她要我们先不要有什么顾虑大胆随便画，哪怕只用单色画出形象也没关系，可以尝试各种用笔，"提、摆、擦、扫、涂、点、抖"，画得五颜六色、薄厚不一也无所谓。这跟以往老师教的抓色彩关系的同时把握造型的方式存在很大的差别。等我们完成后，她再一一讲评，她只是把每个人画中她觉得画得好的地方讲出来仔细分析，不讲任何缺点。当我们认为这样画出来的画一无是处时却被她说成很好，再画时信心百倍，也就更加大胆了。她要求我们课下多看各个时期的艺术画册。以前只看莫奈、梵高等印象派画家的作品，这次无论是文艺复兴之前的，还是表现主义、当代艺术基本上都通看了一番。眼界开阔了不少，在很多大师的画中也曾发现和自己乱画时的画相似的影子，不免心中还有些欣喜。过了一周，申老师慢慢在我们现有的画面上提出一些要求，而且每个人各不相同。不知不觉中我们都觉得画面中的形与色越来越贴切，画面有张力而且风格各异。

其实对色彩的认识本质上还是造型认识，只是用色彩这种手段去加强画面效果罢了。整体控制还是最重要的，所以方法上只需调动自己的色彩感觉，大胆地尝试用笔，分析和学习各种适合自己的造型方式，这样努力练习很快就能取得进步。学习色彩时最重要的就是自信!

1. 色彩静物

●

色彩静物教学主要的教学目的

一、培养正确的观察方法。

二、认识色彩的基本变化规律，培养敏锐的色彩感觉。

三、掌握用色彩塑造形体的能力。

色彩静物教学主要的教学目的是：一、培养正确的观察方法。二、认识色彩的基本变化规律，培养敏锐的色彩感觉。三、掌握用色彩塑造形体的能力。通过色彩静物的写生训练，使学生从简单的静物组合中发现形式美的基本规律，锻炼学生的绘画技能，提高艺术审美能力。

(1) 构图

构图作为绘画的重要因素之一，是一幅作品成败的关键。构图是画面点线面、黑白灰的组合构成方式，是画面的基础构架，构架的好坏将直接影响画面效果的表达。我们在构图阶段应力求均衡、稳定、简洁、大方，同时在稳定中寻求变化。构图意识体现出一个画者艺术修养的高低。学生在学习绘画的过程中要注意培养和训练自己的构图意识，更多地去尝试不同构图所带来的不同画面效果。

(2) 色调

一幅色彩作品，其画面的色彩搭配总是有着内在的联系，并组成一个完整统一的色彩整体，形成画面的某种色彩倾向，称之为色调。色调的类别比较多，可以从色相、纯度、明度、色性等不同角度进行划分。

(3) 塑造

对物体的塑造应从形、色、笔触三个方面着手。瓷器、金属等质地坚硬的物品对光线的反射能力较强。画这类物体时，应更多地注意周围环境的影响，描绘时应以干湿画法结合为宜，虚缓的地方用湿画法，跳动的地方用干画法表现。衬布等质地柔软的物品常常形随力变，无固定形态，从受光面到背光面的明暗转折缓慢均匀，所以写生时一般多用湿画法表现其体面柔合的转折。如水果的形状多呈圆球体，但其质地软硬度与表面光洁度却有差别，在表现质感时，需采取不同表现手法。

总之，在水粉画中，对物体的塑造要先把握好物体的形体结构；其次在表现物体质感时，要根据物体的特点注意不同的用笔；最后，还应注意光与色的变化，着眼于各种物体的表面对光源色及环境色的反射状况，这样才能将物体表现得恰如其分、栩栩如生。

作品名 水粉静物 | 作者 韩和克 | 尺寸 520×380mm | 材料 水粉

作品名 水粉静物 | 作者 叶子修 | 尺寸 520×380mm | 材料 水粉

作品名 水粉静物 | 作者 金姗 | 尺寸 520×380mm | 材料 水粉

作品名 水粉静物 | 作者 金姗 | 尺寸 520×380mm | 材料 水粉

2. 油画头像

(1) 构图

油画头像的构图与素描头像的构图基本上是一样的。

(2) 色彩关系

从黑白关系上来讲，头发是黑色，衣服是重灰色，脸的暗部和头部在墙上的投影是中灰，脸的亮部和背景是亮灰，领口是白色。从色彩关系上来说，衣服的颜色是纯度很高的大红色，所以整个面部都会有些偏红，甚至头发的反光也会偏红。另外，冷光从上面照下来，受光处的冷与背光处的暖形成强烈对比。虽然脸的亮部和背景都是亮灰，但由于色相不同一样可以区分开。

熟识色彩理论不一定就能画好色彩。直观的感受对画色彩有很大帮助，直接观察物象，调动自己的色彩感觉，主观画出的色彩会更强烈。再通过欣赏大师的画册，以及阅读一些色彩理论的书籍，很快就能理解色彩关系。

(3) 油画材料的使用

初画色彩时一般都是使用水粉。这种材料易调和，覆盖力强，而且干燥快，便于初学者使用。而油画颜料在短期内不易干燥，画厚了就会翻出底色，总是无法将笔上调好的色彩表现到画面上。所以要么在画面上直接调和，要么用刮刀刮掉画得不好的部位重新画。作画过程中可以放松大胆地尝试各种用笔，提、摆、擦、扫、涂、点、抖以及通过笔的不同部位来表现效果。总之对油画颜料和画笔的充分熟悉更有助于画面的表现。

在这幅画中，大块的颜色可以用板刷画出（衣服、背景、头发）。注意头发的部分有反光，可以用调好头发颜色的板刷蘸上红色直接刷出一些反光的红色。这样既画得大气，而且一笔下去颜色还很丰富。脸部颜色可用小一些的板刷先画出亮暗面的冷暖色块，然后在明暗交界处用小笔或扇形笔划蹭出过渡面作为衔接，这样可自然地画出皮肤过渡的质感，避免僵硬死板。在五官部位应换成小笔刻画，不能画死，点到为止即可。有些塑造是靠对结构的理解顺着结构的方向用笔画出肌理。还有像眼角、鼻翼、嘴角等细小部位可用笔杆的末端轻松勾出，所以每个人都应在画油画的过程中大胆尝试找出适合自己的造型方法。

●

熟识色彩理论不一定就能画好色彩。

直观的感受对画色彩有很大帮助，

直接观察物象，

调动自己的色彩感觉，

主观画出的色彩会更强烈。

作品名 油画头像Ⅰ作者 黄翠Ⅰ尺寸 380×520mmⅠ材料 油画颜料

作品名 油画头像 | 作者 王图南 | 尺寸 380×520mm | 材料 油画颜料

作品名 油画头像 | 作者 韩和克 | 尺寸 380×520mm | 材料 油画颜料

作品名 油画头像 | 作者 王文茜 | 尺寸 380×520mm | 材料 油画颜料

作品名 油画头像 | 作者 潘黎 | 尺寸 380×520mm | 材料 油画颜料

作品名 油画头像Ⅰ作者 肖乔Ⅰ尺寸 380×520mmⅠ材料 油画颜料

作品名 油画头像 | 作者 王文茜 | 尺寸 380×520mm | 材料 油画颜料

这张油画头像画得薄厚得当，整体色调清新明确，恰到好处地表现了人物的气质和表情。头发自然飘逸，面部透明而且丰富，五官的塑造也具体生动，是一张形色俱佳的优秀习作。

这是一位爱猫的学生的创作，家住北京胡同的她对猫的了解甚多。

作品名 猫 | 作者 金姗 | 尺寸 380×520mm | 材料 铅笔

创作素材存在于我们点滴的生活经历之中，有着丰富感情和想象力的考生能创造出令人感动的作品。

◦ 关于创作教学

这几年的造型专业考试中许多学校都加入了创作，许多考生对此都觉得难以应对。创作要求学生具备扎实的造型功底、灵活的思维和独特的创作能力。

附中每年都有创作课程，而且二三四年级都要下乡。每次下乡写生都要一个月左右，偏远农村里的一条小巷、一堵残垣、一片田地，都是描绘的对象：实践中每位同学都倾注极大的热情，以专注的心态去描绘大量的速写稿。回去后用这些小稿组织构图，经过仔细经营完成一幅创作。还是那句话，“艺术源于生活，又高于生活”。

现在的考生为了应付创作考试，大部分都是到处搜集图片(网页上的、杂志上的、画册里的)，然后甚至没有任何改动地照搬到自己的画里。资料就算再多也不够，每年成千上万的考生都在使用，所以创作考试中“撞车”现象尤其多。我不矢口道评卷的考官是否对这类试卷很无奈，但想想现在的学生压力这么大，哪有时间去画速写找素材，为了考学这么做也是情有可原的：但我要说的是创作还是存在于我们点点滴滴的生活经历之中，有着丰富感情和想象力的考生还是能创造出令人感动的作品的。还记得附中考前班中姚璐老师教我们创作课时曾讲评过一张央美的高分创作试卷，那年题目是《暮》，这张创作中画的是四个面带笑容的老年人的侧厩头像围在一只装着画眉鸟的笼子旁，采用木刻版画的手法。这幅画并没有用到“暮”这一天气环境作为场景，而是用老年人的暮年之乐来点睛“暮”意，可见这个考生头脑的灵活是来自于对生活的观察。

数码相机的普及为创作提供了极大的便捷，就算没有数码相机用笔记两句话也是可以的，关键是用心记录下生活中让人关注的事情。至于那些网上的杂志、画册里的资料，也可以进行独立的创造性的改动。这些图片上的道具、场景、人物都可以用来重新组织，反映自己的创作内容。这样就不会出现前面所说的“撞车”现象，而且可以节约大量的时间。总之创作是考察学生熟悉自然、了解社会、创新思维等综合能力的考试。

作品名 雨中的奏鸣曲 | 作者 赵延斌 | 尺寸 520×380mm | 材料 水粉

创作解析

这张创作用花花绿绿的伞组织画面，从雨伞的缝隙中表现出雨中忙碌的人物生活。大雨中的人物都在诉说着他们自己的故事，雨伞的遮遮掩掩更微妙地传达出各种情感，形成雨中的奏鸣曲。

(1) 创意

多看多画多想才能寻找到更好的素材，把这些素材巧妙地组织在一起才能体现创意。

(2) 主要内容

像小学生写日记一样，天气、时间、地点、人物、故事情节都是创作的主要内容。

天气：大雨天（雨天这种特殊的天气营造出一种特殊的氛围）。

时间：大概是在下班和放学时（这时段人物相对集中，故事内容会很丰富）。

地点：大街上（视角比较广阔便于表现内容）

人物：路上的行人。

故事情节：驼背的老人接孙子放学回家，年轻的情侣在雨中浪漫地谈情说爱，单身女子在等待着什么。

(3) 构图

画面乍看起来很凌乱（这也体现了雨中人们的状态），但还是能够通过结构线分清人流的动势。故事主次分明：画面正中心，驼背的老人接孙子回家，画面右侧年轻的情侣在雨中浪漫地谈情说爱，等待的人在画面中几乎被雨伞遮得看不清的位置。整个画面充满节奏感。

(4) 表现手法

整个画面由水粉完成。色调偏亮灰，但彩色的雨伞让画面轻松愉快。粉色的雨伞和橘黄色的书包使主体明确，用牙刷甩出雨点的画法将氛围表现得自然独特。

作品名 春之歌 | 作者 王图南 | 尺寸 380×520mm | 材料 水粉

作品名 童年 | 作者 王文茜 | 尺寸 380×520mm | 材料 水粉

作品名 伙伴 | 作者 陈雅洁 | 尺寸 380×520mm | 材料 水粉

作品名 地铁 | 作者 韩和克 | 尺寸 520×380mm | 材料 铅笔、色粉笔

这张创作画的是地铁里的大场景。为画这张创作我整整一周的时间几乎每天都泡在地铁里，搜集了大量的速写和相片素材，经过筛选、组合构图后创作了这张画。

作品名 年夜饭 | 作者 卢天琪 | 尺寸 520×380mm | 材料 水粉

作品名 过年 | 作者 李恺强 | 尺寸 520×380mm | 材料 水粉

作品名 清晨 | 作者 李恺强 | 尺寸 520×380mm | 材料 水粉

作品名 扫雪 | 作者 王浩 | 尺寸 520×380mm | 材料 水粉

528

考前实战

报考

报考哪所学校是决定学生未来前途的关键。家长和学生可能只知道几所知名的艺术院校，但对各种专业却并不一定十分了解，容易盲目选择。学生应根据自己的实际水平和爱好理想去选择学校，在考前应对当前的社会艺术需求有个全面和宏观的了解。目前美术主要分为造型艺术类和实用艺术类两类。

这两类美术的主要区别在于：首先，造型艺术属于再现性空间艺术，实用艺术属于表现性空间艺术。其次，造型艺术具有审美功能，主要满足人的精神需要；而实用艺术兼具实用与审美功能，同时满足人的物质和精神需要。

从狭义上讲造型艺术和实用艺术又分为很多类的艺术专业。

造型艺术类包括国画、油画、雕塑、壁画、版画、书法、实验艺术等。

实用艺术类有建筑学类，包括建筑设计、环境艺术设计(园林设计、景观设计、装置)；设计类，包括视觉传达(平面设计、工业设计、包装设计、舞台灯光设计)；新媒体(影像艺术、动漫设计、摄影、网络)；有的学校还有珠宝饰品设计、服装设计、染织设计等。

选择造型艺术的学生将来是想成为纯艺术家创作个人艺术。这类考生一般需具备扎实的绘画功底，但就业面相对狭窄。

选择实用艺术的学生有广泛的社会就业面。近几年中国经济发展迅速，各个行业对艺术工作者的需求很多。尤其是新媒体等新兴创新行业有着国家和社会大力的支持。选择这类专业的学生毕业后在社会中很快就能找到自己的位置，实现自己的理想。

所以考生们应根据自己的个人能力和爱好，从各个方面了解各个学校的各种专业，从而选择自己适合报考的学校和专业。不要盲目地随大流只考顶级的艺术院校，以避免激烈的竞争。其实只要你拥有独特的才华，不断努力学习，在社会中找对自己的位置，将来一样会光芒四射！

心态

“养兵千日用兵一时”，一切的努力都是为了在考学中发挥出高水平。高考是一场综合的博弈，涉及到的因素除了知识储备外，还有心理状态。不少考生在考试时容易焦虑、紧张，甚至出汗、手抖、头晕，以致不能正常完成绘画。这种状

态可能在考试前就已经出现了(复读生常有这样的问题)。有平和的心理状态是最为重要的，考生的心态会随所处的教室、光线、绘画角度以及周围人的变化而变化。平和的心态就是要对一切陌生的环境都不怯场的状态。要想具备这种能力最直接的方法就是模拟考试适应各种考试状态。在考前可以按考试的要求时间完成绘画，包括模特的休息频率。在不同的角度、不同的光线、不同的位置多加练习。也可以在考试前去试考一些其他学校，体会一下考场的真实氛围。这样就可以保持平和的心态应对考试了。

总之健康的心态才能带来良好的学习效率和临场发挥，尤其是艺术专业考试心理因素对临场表现的影响是很大的。对于考生来说，无论是在专业课上还是文化学习上，都应该注意跟老师和同学多交流，吸取别人的经验，弥补自己的不足；生活中，考生、家长、教师之间也应该多沟通，一起探寻最佳解决方法，以免积压的情绪演化成心理压力，成为高考的绊脚石。

行程

每年的艺术高考都在一月至四月之间，招考学校众多，考点遍布全国，专业考试的场次繁多。对此应该制作一个艺术专业的考试行程表，把备高校相关专业的考试信息按照时间和地点顺序整理出来，以做到心中有数，方便进行准备。考试信息可以通过到各高校的官方网站搜集他们的最新招生简章。行程表的内容则是比较详细的，基本内容可以包括院校名称、报名确认时间、考试时间、考试地点、注意事项，但主要还是根据自己的需要灵活调整，比如有些同学可能不止报考一个专业，那就要把专业名称也一并列上，以便提前做好备考准备。实际上行程表的要求并不是要做得多规范，而是一定要符合自己的需要，能够提醒自己在哪个时间做哪些准备，对考试进行有计划的安排，就算发挥它的作用了。

每年专业考试期间，都不乏因为记错、记混时间等错过考试的案例。每一个考生和家长都希望尽可能地多试一试，将筛选过的考试时间和地点列入行程表，做到心里有一份明晰的排期，这可以极大地避免出现漏考的情况兄，从容准备每一场考试。

作品名 素描头像 | 作者 徐鹏 | 尺寸 380×520mm | 工具 铅笔

作品名 素描头像 | 作者 彭云 | 尺寸 380×520mm | 工具 铅笔

作品名 素描头像 | 作者 潘黎 | 尺寸 380×520mm | 工具 铅笔

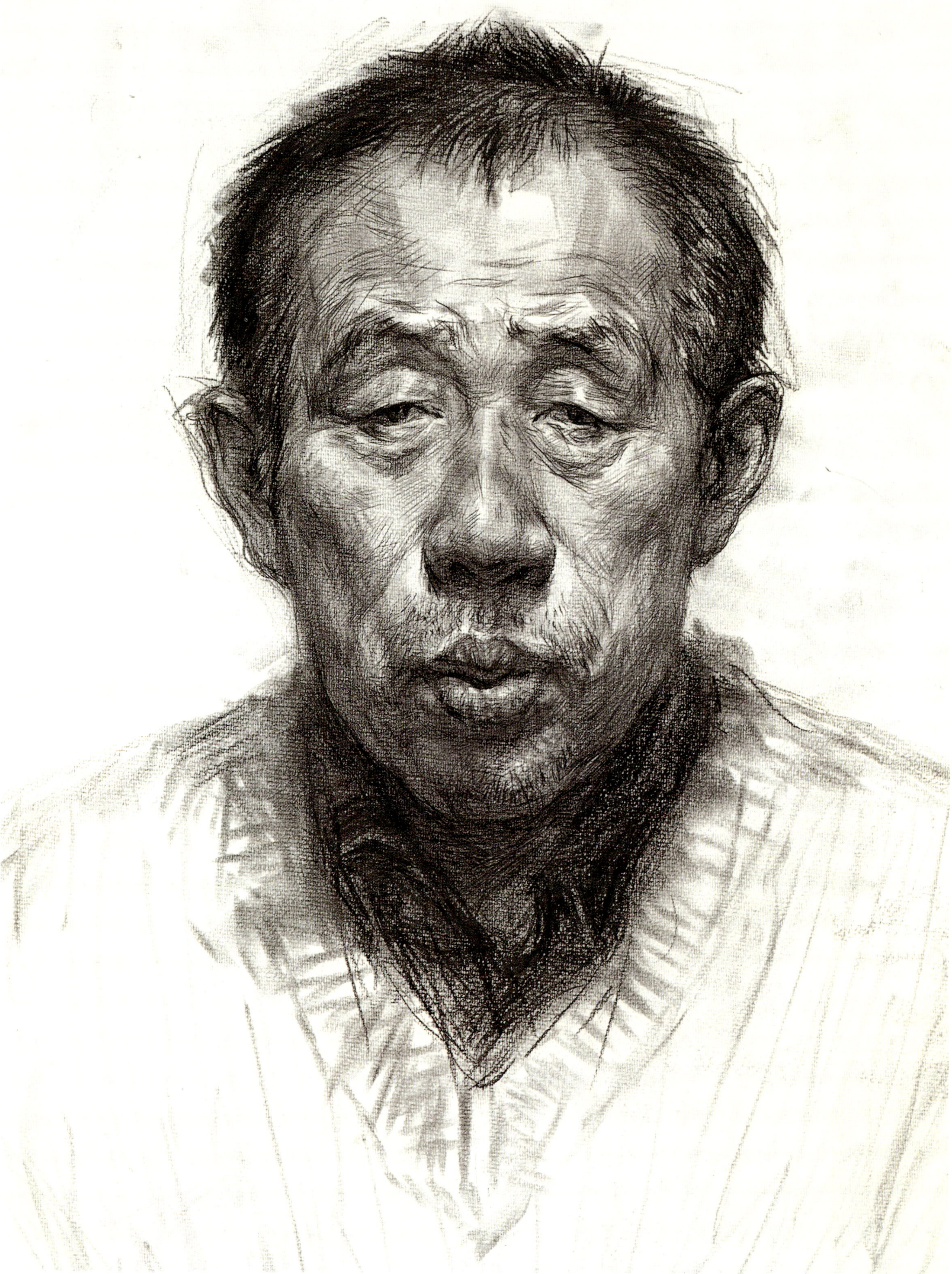

作品名 素描头像 | 作者 韩和克 | 尺寸 380×520mm | 工具 铅笔

作品名 素描头像 | 作者 韩和克 | 尺寸 380×520mm | 工具 铅笔

作品名 素描头像 | 作者 黄翠 | 尺寸 380×520mm | 工具 铅笔

作品名 素描头像 | 作者 郑志刚 | 尺寸 380×520mm | 工具 铅笔

作品名 素描女青年 | 作者 韩和克 | 尺寸 380×520mm | 工具 炭笔

作品名 素描头像 | 作者 卢钰琪 | 尺寸 380×520mm | 工具 铅笔

作品名 素描头像 | 作者 黄翠 | 尺寸 380×520mm | 工具 铅笔

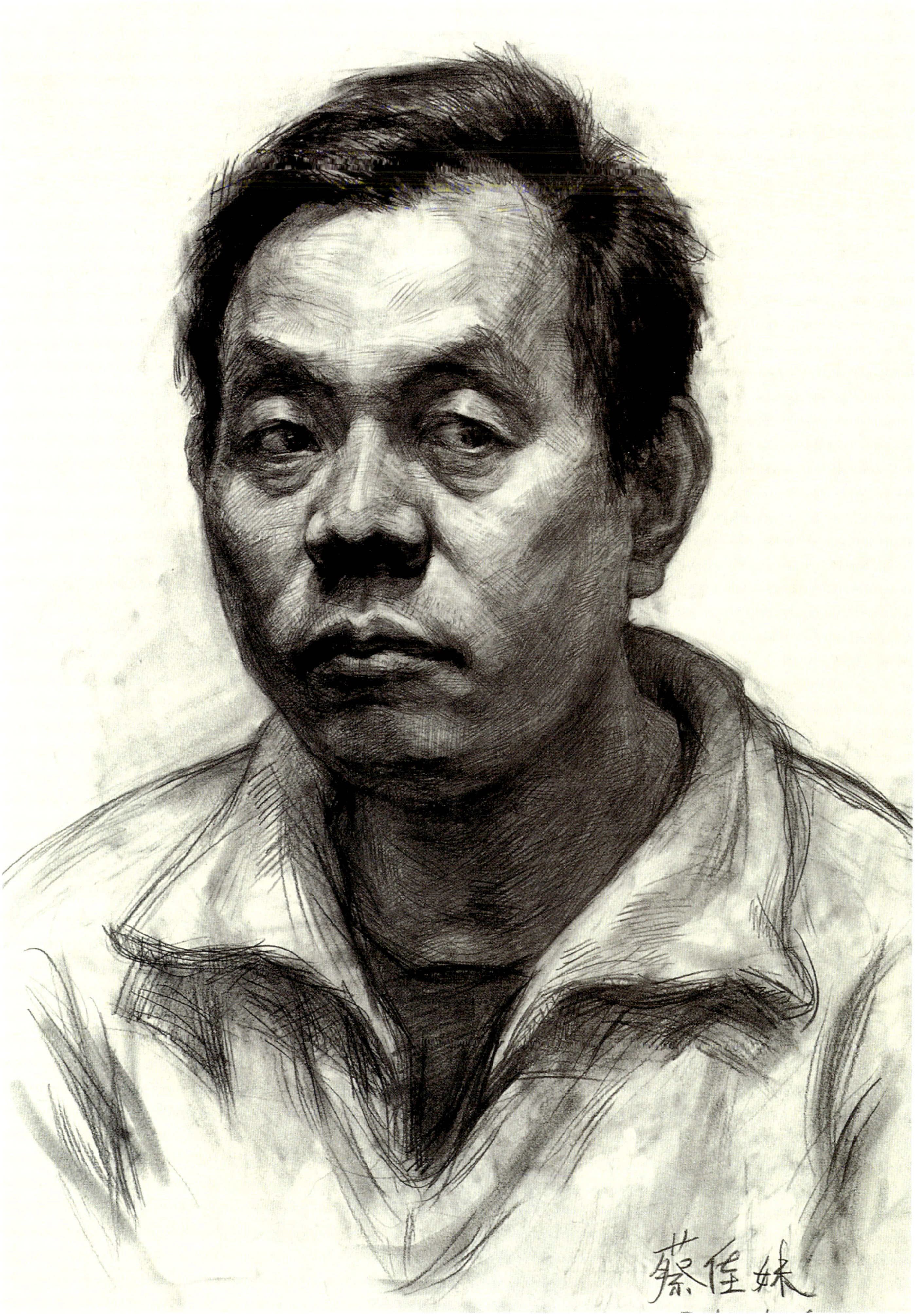

作品名 素描头像 | 作者 蔡佳妹 | 尺寸 380×520mm | 工具 铅笔

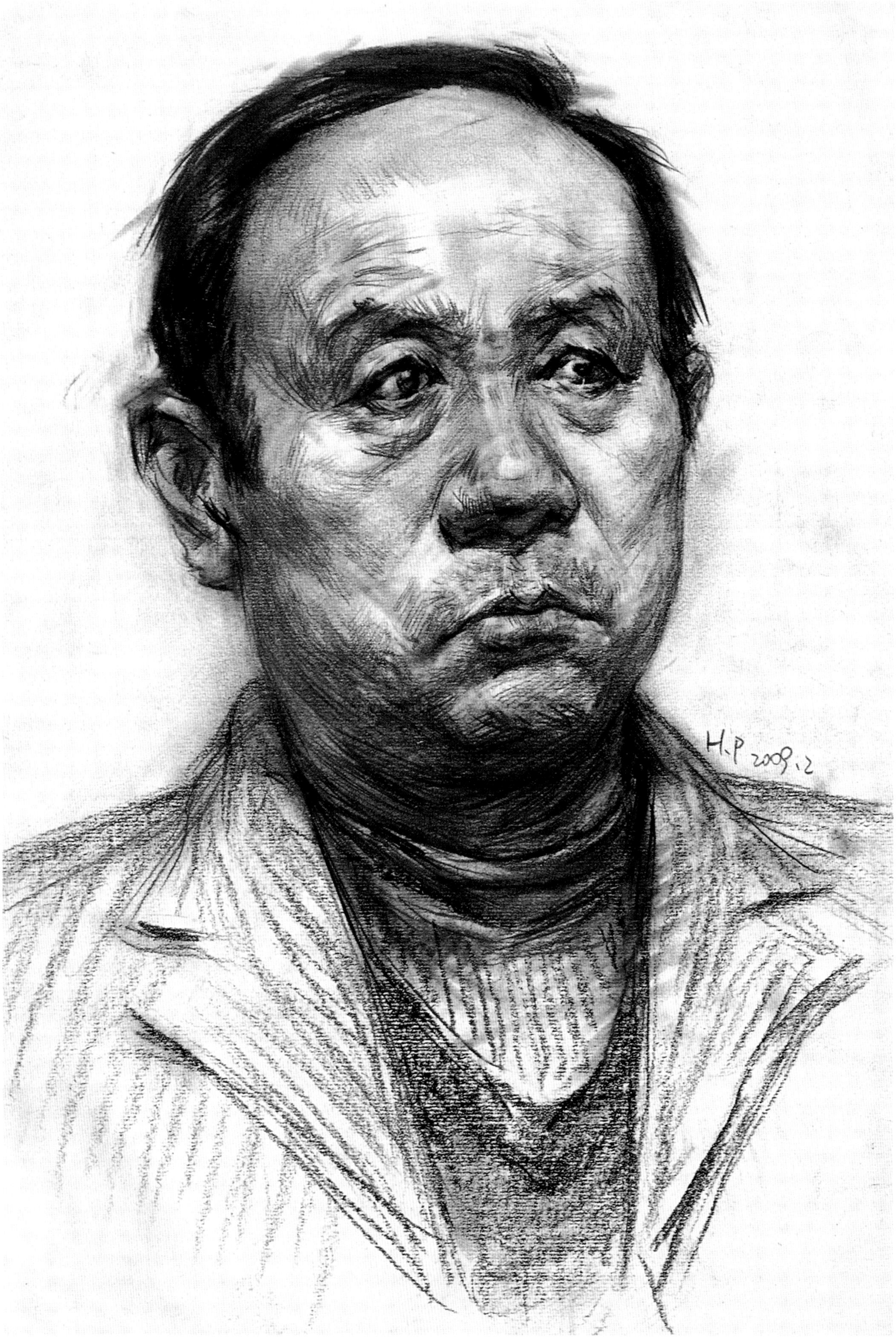

作品名 素描头像 | 作者 韩和克 | 尺寸 380×520mm | 工具 铅笔

作品名 素描男中年 | 作者 韩和克 | 尺寸 380×520mm | 工具 铅笔

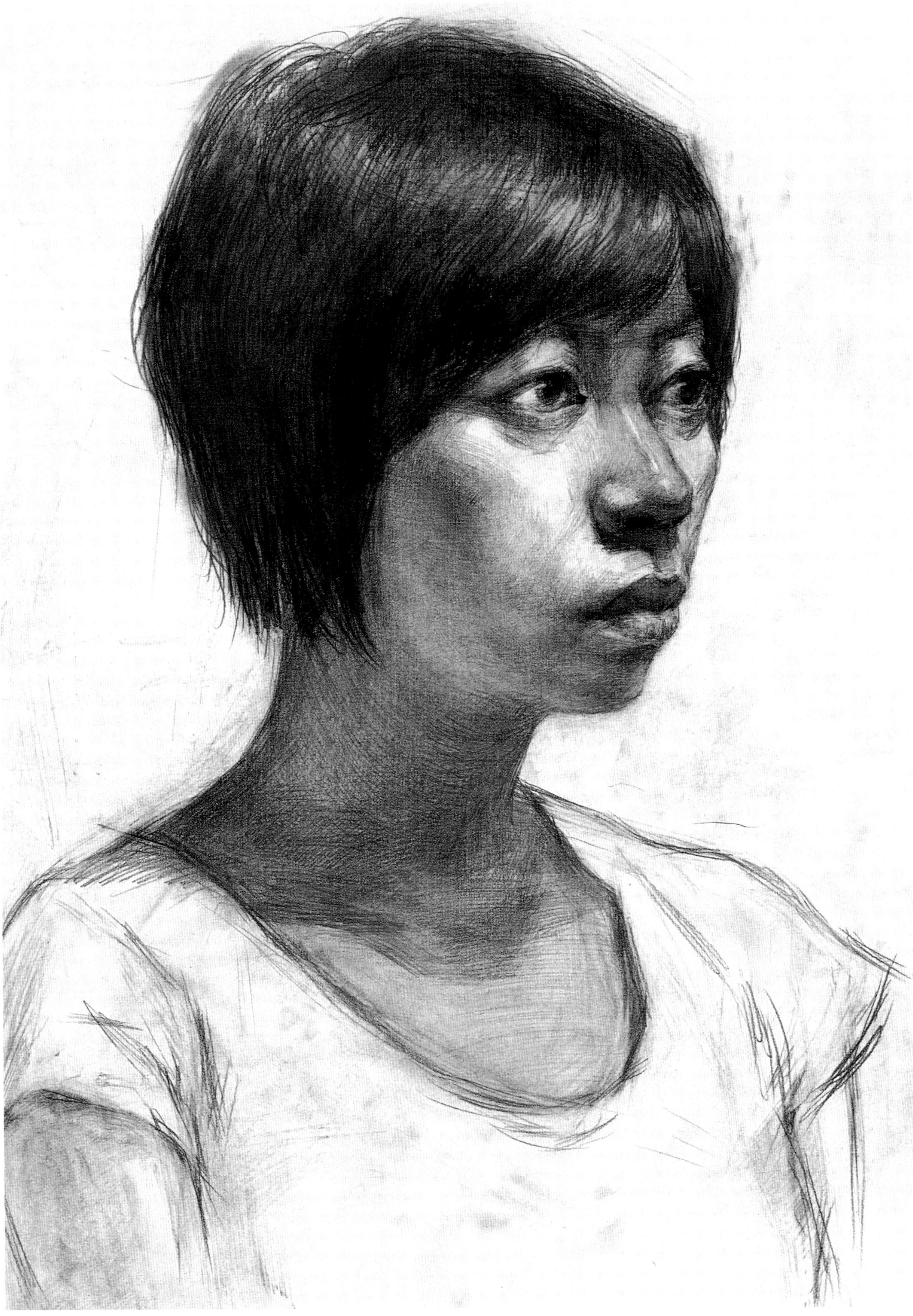

作品名 素描头像丨作者 何一丹丨尺寸 380×520mm丨工具 铅笔

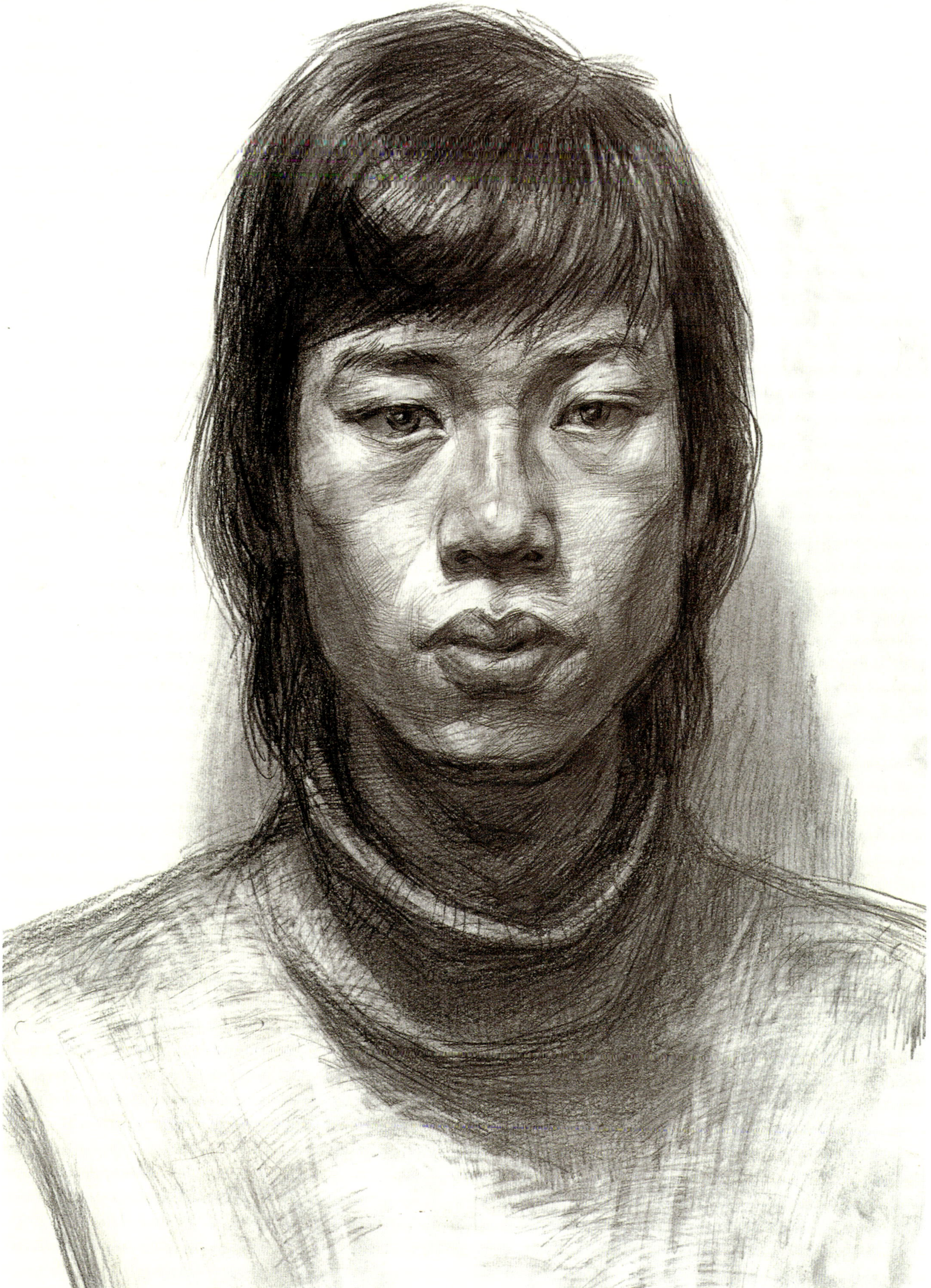

作品名 素描头像 | 作者 王文茜 | 尺寸 380×520mm | 工具 铅笔

作品名 素描半身像 | 作者 彭云 | 尺寸 380×520mm | 工具 铅笔

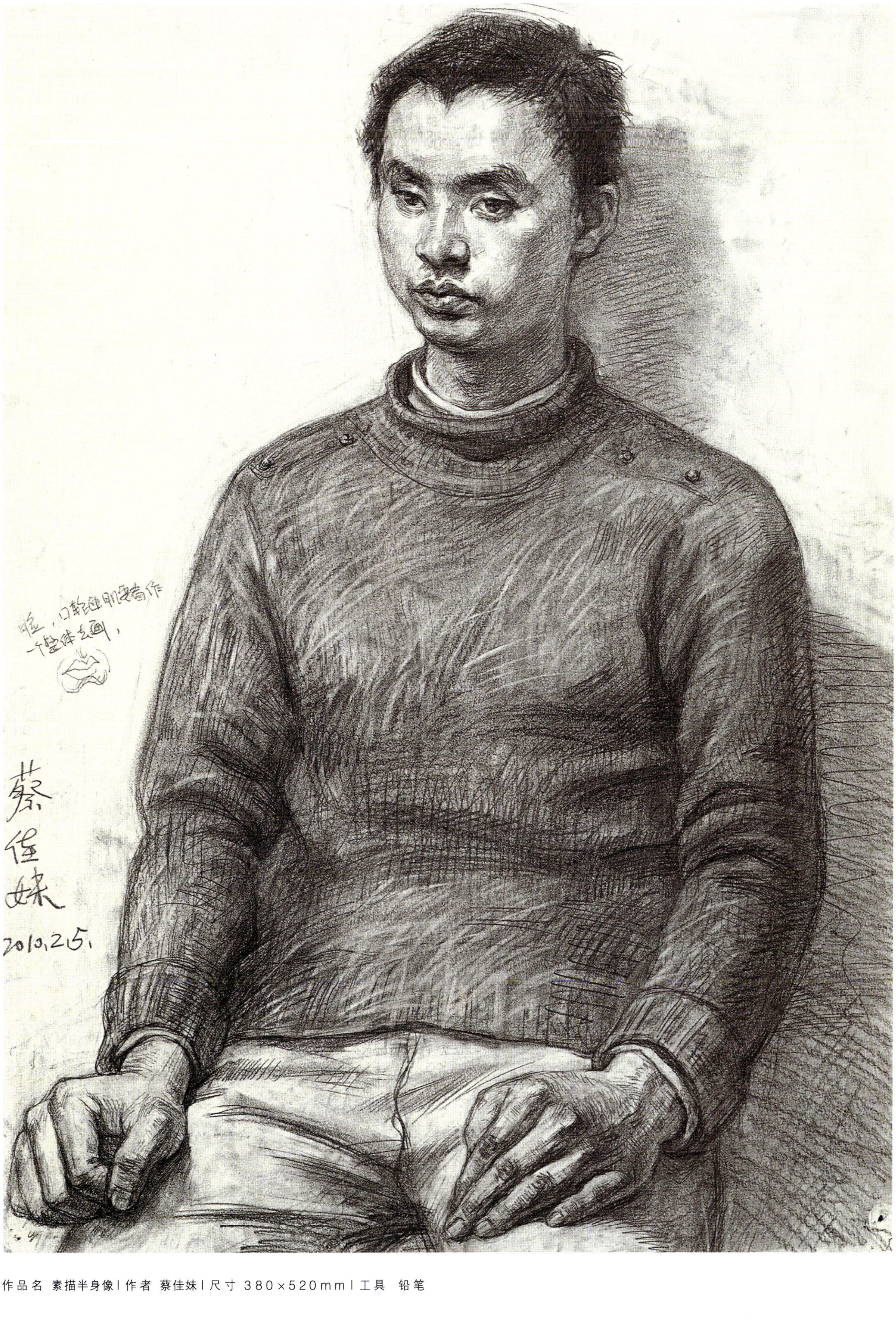

作品名 素描半身像 | 作者 蔡佳妹 | 尺寸 380×520mm | 工具 铅笔

作品名 素描半身像 | 作者 黄翠 | 尺寸 380×520mm | 工具 铅笔

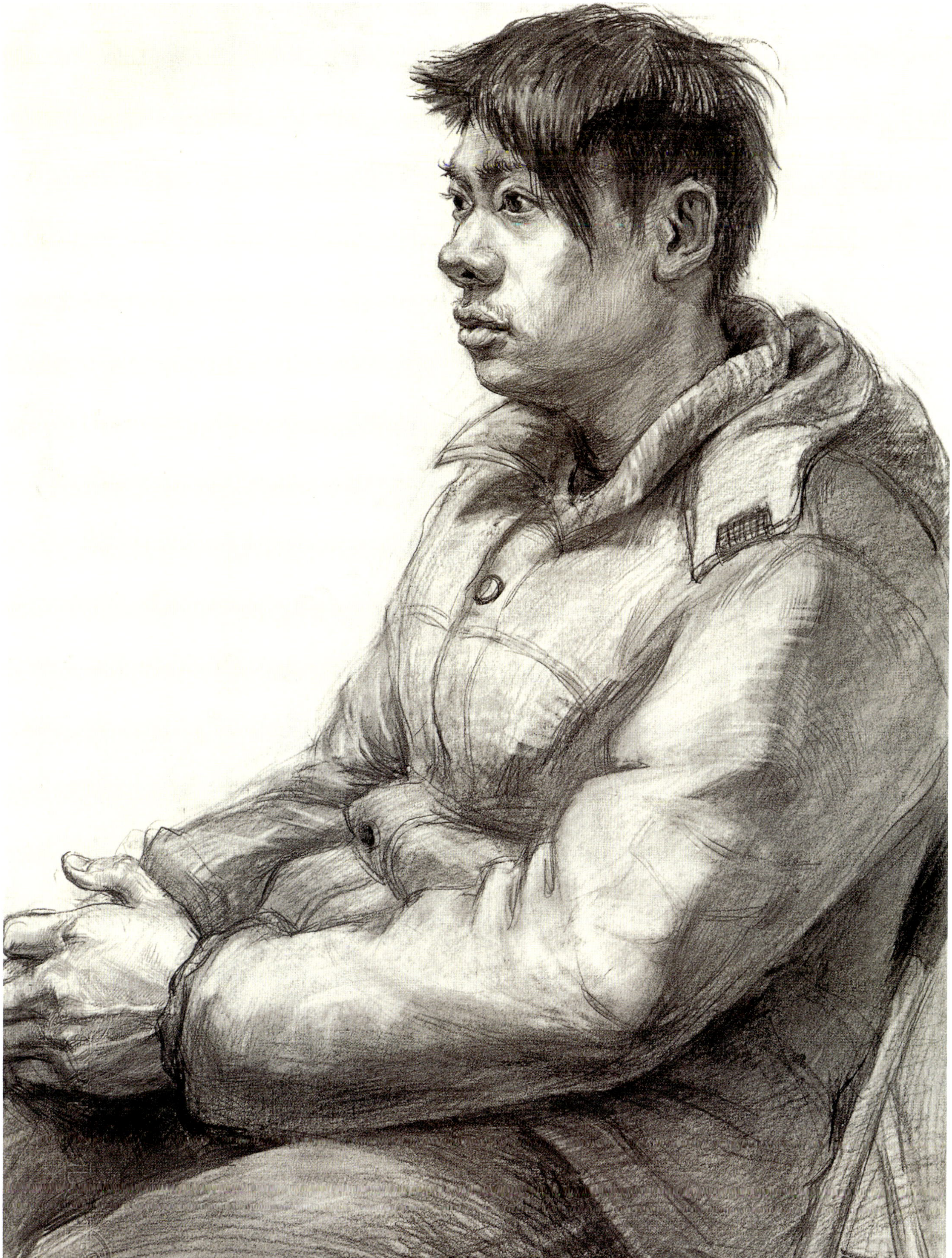

作品名 素描半身像 | 作者 卢天琪 | 尺寸 380×520mm | 工具 铅笔

作品名 素描半身像 | 作者 韩和克 | 尺寸 380×520mm | 工具 铅笔

作品名 素描半身像 | 作者 韩和克 | 尺寸 380×520mm | 工具 铅笔

作品名 素描半身像 | 作者 韩和克 | 尺寸 380×520mm | 工具 铅笔

作品名 素描半身像丨作者 韩和克丨尺寸 380×520mm丨工具 铅笔

作品名 素描半身像 | 作者 彭云 | 尺寸 380×520mm | 工具 铅笔

作品名 素描半身像 | 作者 赵延斌 | 尺寸 380×520mm | 工具 铅笔

作品名 素描半身像 | 作者 叶子修 | 尺寸 380×520mm | 工具 铅笔

作品名 素描半身像 | 作者 孙汝哲 | 尺寸 380×520mm | 工具 铅笔

作品名 素描半身像 | 作者 韩和克 | 尺寸 380×520mm | 工具 铅笔

作品名 素描半身像 | 作者 李忠华 | 尺寸 380×520mm | 工具 铅笔

作品名 素描半身像 | 作者 王浩 | 尺寸 380×520mm | 工具 铅笔

作品名 素描半身像丨作者 李曦丨尺寸 380×520mm丨工具 铅笔

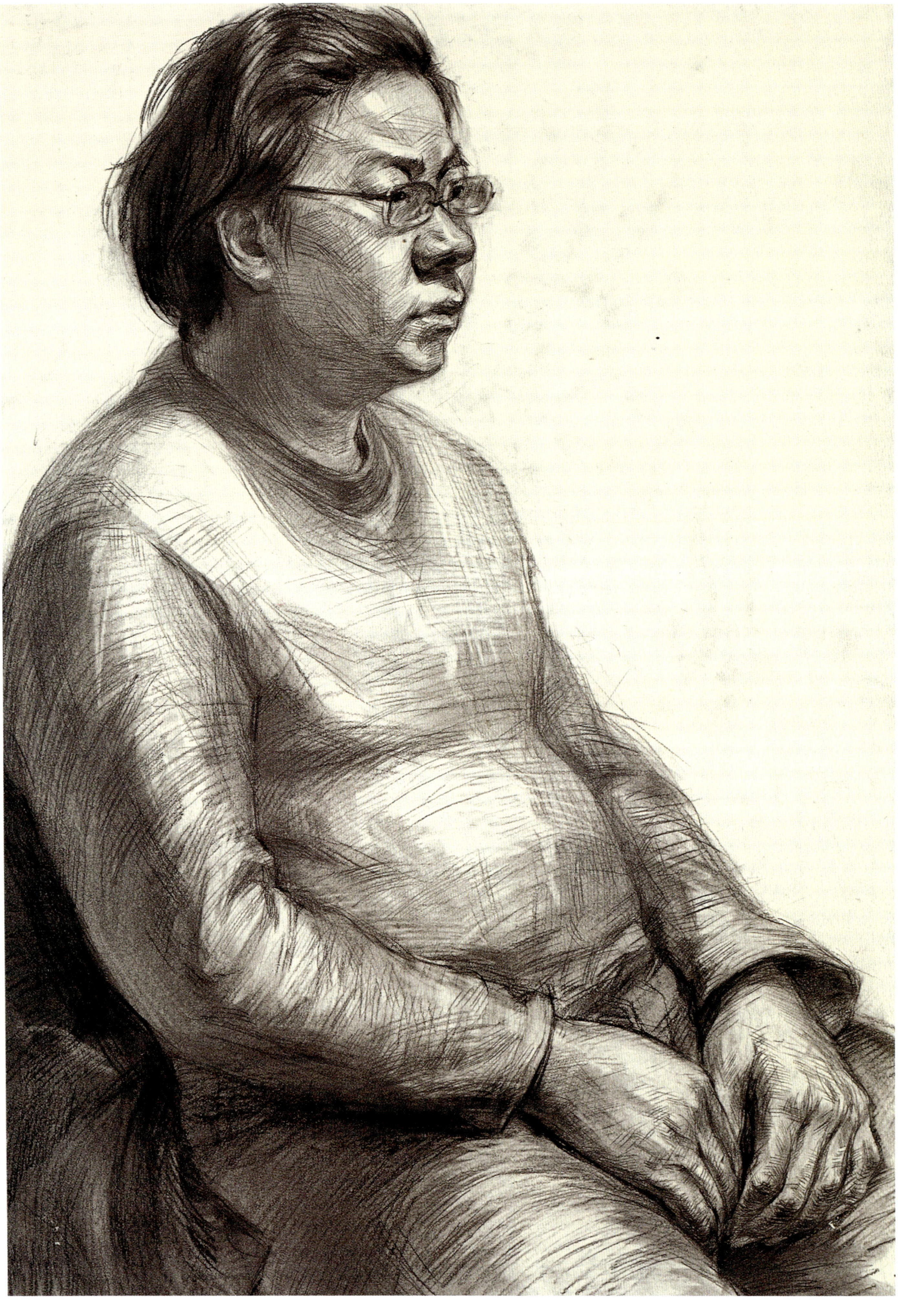

作品名 素描半身像丨作者 郑丽斯丨尺寸 380×520mm丨工具 铅笔

作品名 素描半身像 | 作者 赵志鹏 | 尺寸 380×520mm | 工具 铅笔

作品名 素描半身像 | 作者 彭云 | 尺寸 380×520mm | 工具 铅笔

作品名 素描半身像 | 作者 陈雅洁 | 尺寸 380×520mm | 工具 铅笔

作品名 坐姿速写 | 作者 王图南 | 尺寸 265×360mm | 工具 铅笔

作品名 坐姿速写 | 作者 韩和克 | 尺寸 265×360mm | 工具 铅笔

作品名 站姿速写 | 作者 朱天鸿 | 尺寸 265×360mm | 工具 铅笔

作品名 站姿速写 | 作者 陈麓旬 | 尺寸 265×360mm | 工具 炭笔

作品名 坐姿速写 | 作者 叶子修 | 尺寸 265×360mm | 工具 炭笔

作品名 坐姿速写 | 作者 蔡佳妹 | 尺寸 265×360mm | 工具 铅笔

作品名 坐姿速写 | 作者 柳亮文 | 尺寸 265×360mm | 工具 铅笔

作品名 站姿速写 | 作者 朱天瀛 | 尺寸 160×360mm | 工具 铅笔

作品名 站姿速写 | 作者 孙汝哲 | 尺寸 160×360mm | 工具 炭笔

作品名 站姿速写 | 作者 蔡佳妹 | 尺寸 160×360mm | 工具 炭笔

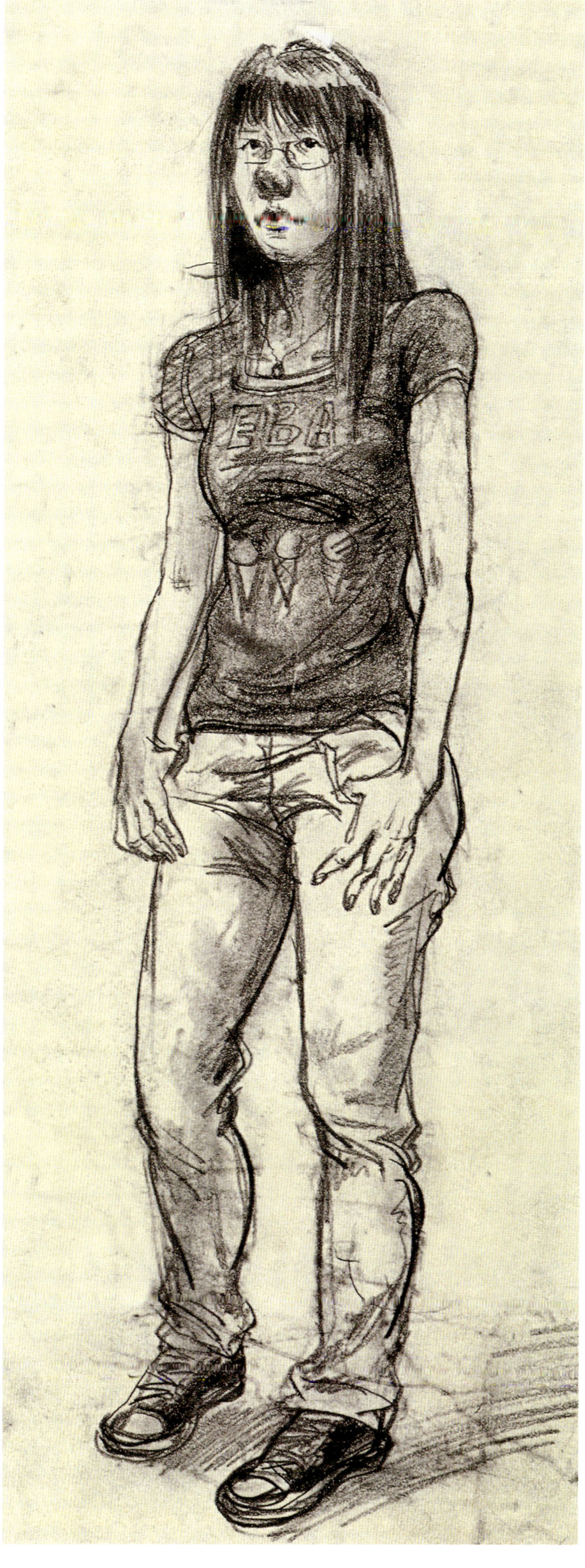

作品名 站姿速写 | 作者 蔡佳女 | 尺寸 160×360mm | 工具 炭笔

作品名 坐姿速写 | 作者 王图南 | 尺寸 265×360mm | 工具 铅笔

作品名 站姿速写 | 作者 李娇 | 尺寸 265×360mm | 工具 炭笔

作品名 坐姿速写 | 作者 韩和克 | 尺寸 265×360mm | 工具 炭笔

作品名 站姿速写 | 作者 黄翠 | 尺寸 265×360mm | 工具 炭笔

作品名 坐姿速写 | 作者 蔡佳妹 | 尺寸 265×360mm | 工具 炭笔

作品名 坐姿速写 | 作者 叶子修 | 尺寸 265×360mm | 工具 签字笔

作品名 坐姿速写 | 作者 韩和克 | 尺寸 265×360mm | 工具 炭笔

作品名 坐姿速写 | 作者 韩和克 | 尺寸 265×360mm | 工具 炭笔

作品名 坐姿速写 | 作者 蔡佳妹 | 尺寸 265×360mm | 工具 铅笔

作品名 站姿速写 | 作者 朱艺瀛 | 尺寸 265×360mm | 工具 炭笔

作品名 坐姿速写 | 作者 韩和克 | 尺寸 265×360mm | 工具 炭笔

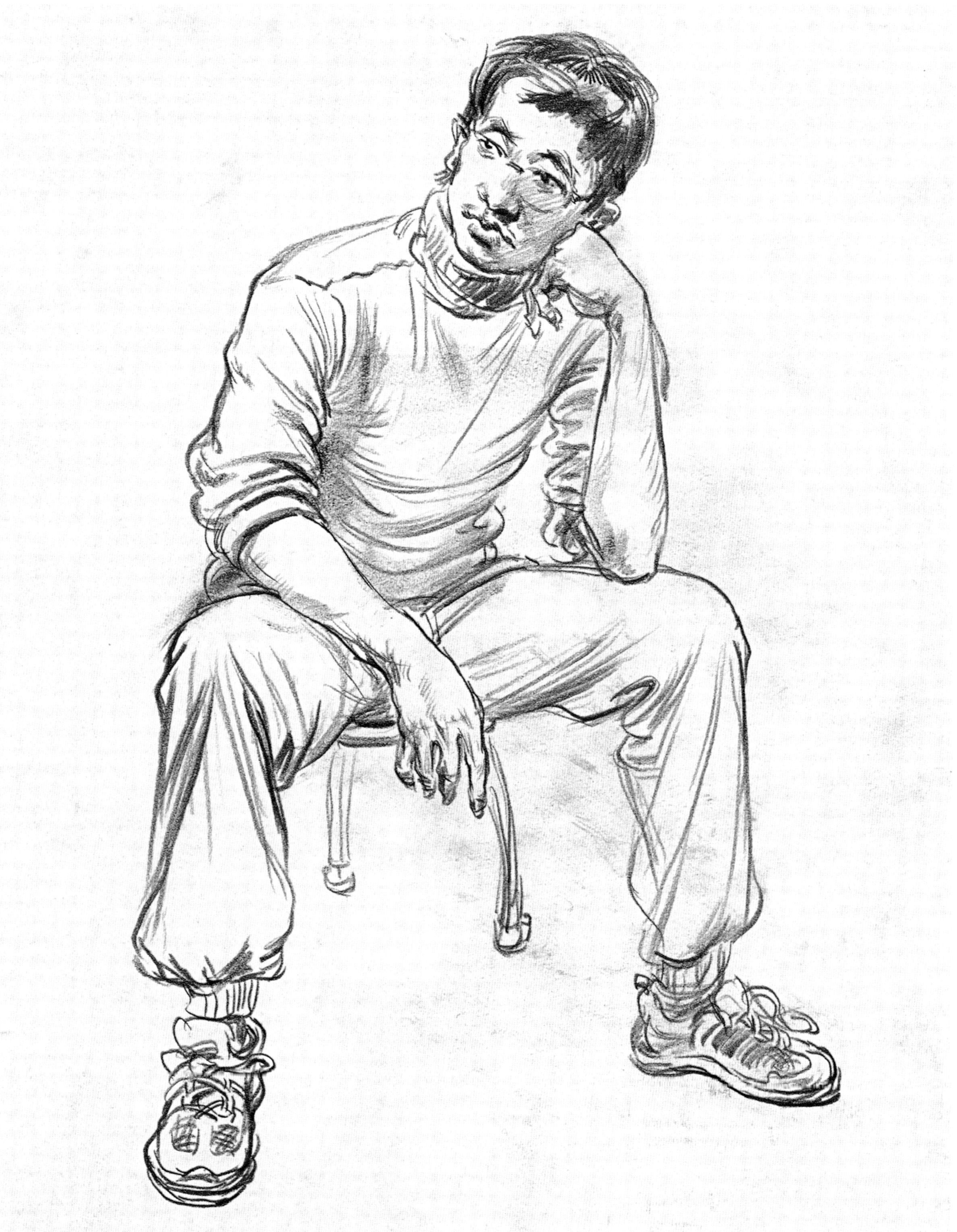

作品名 坐姿速写 | 作者 韩和克 | 尺寸 265×360mm | 工具 炭笔

作品名 坐姿速写 | 作者 韩和克 | 尺寸 265×360mm | 工具 炭笔

作品名 坐姿速写 | 作者 韩和克 | 尺寸 265×360mm | 工具 炭笔

作品名 站姿速写 | 作者 韩和克 | 尺寸 265×360mm | 工具 铅笔

作品名 站姿速写 | 作者 韩和克 | 尺寸 265×360mm | 工具 铅笔

作品名 场景速写 | 作者 韩和克 | 尺寸 265×360mm | 工具 炭笔

作品名 场景速写 | 作者 潘黎 | 尺寸 265×360mm | 工具 炭笔

作品名 场景速写 | 作者 韩和克 | 尺寸 265×360mm | 工具 炭笔

作品名 场景速写 | 作者 王文茜 | 尺寸 265×360mm | 工具 炭笔

作品名 场景速写 | 作者 叶子修 | 尺寸 265×360mm | 工具 炭笔

作品名 场景速写 | 作者 韩和克 | 尺寸 265×360mm | 工具 炭笔

作品名 场景速写 | 作者 韩和克 | 尺寸 265×360mm | 工具 炭笔

作品名 场景速写 | 作者 韩和克 | 尺寸 265×360mm | 工具 炭笔

作品名 油画头像 | 作者 郑丽斯 | 尺寸 380×520mm | 材料 油画颜料

作品名 油画头像 | 作者 黄翠 | 尺寸 380×520mm | 材料 油画颜料

作品名 油画头像 | 作者 鹿滢 | 尺寸 380×520mm | 材料 油画颜料

作品名 油画头像 | 作者 王图南 | 尺寸 380×520mm | 材料 油画颜料

作品名 油画头像 | 作者 卢天琪 | 尺寸 380×520mm | 材料 油画颜料

作品名 油画头像 | 作者 王文茜 | 尺寸 380×520mm | 材料 油画颜料

作品名 油画头像 | 作者 蔡佳妹 | 尺寸 380×520mm | 材料 油画颜料

作品名 油画头像 | 作者 金姗 | 尺寸 380×520mm | 材料 油画颜料

作品名 油画头像 | 作者 刘时宇 | 尺寸 380×520mm | 材料 油画颜料

作品名 油画头像 | 作者 叶子修 | 尺寸 380×520mm | 材料 油画颜料

作品名 油画头像 | 作者 刘时宇 | 尺寸 380×520mm | 材料 油画颜料

作品名 情人节 | 作者 郑丽斯 | 尺寸 380×520mm | 材料 水粉

作品名 孔明灯 | 作者 赵延斌 | 尺寸 380×520mm | 材料 水粉

作品名 情人节 | 作者 郑丽斯 | 尺寸 380×520mm | 材料 水粉

作品名 孔明灯 | 作者 赵延斌 | 尺寸 380×520mm | 材料 水粉

作品名 火锅 | 作者 郑丽斯 | 尺寸 520×380mm | 材料 水粉

作品名 鸽子 | 作者 赵延斌 | 尺寸 520×380mm | 材料 水粉

作品名 游乐园 | 作者 叶子修 | 尺寸 520×380mm | 材料 水粉

作品名 干杯 | 作者 王图南 | 尺寸 520×380mm | 材料 水粉

作品名 夏日之歌 | 作者 王图南 | 尺寸 380×520mm | 材料 水粉

作品名 福 | 作者 卢天琪 | 尺寸 380×520mm | 材料 水粉

作品名 宣言 | 作者 李恺强 | 尺寸 380×520mm | 材料 水粉

作品名 去哪放风筝？ | 作者 陈雅洁 | 尺寸 520×380mm | 材料 水粉

作品名 摩登时代 | 作者 郑丽斯 | 尺寸 520×380mm | 材料 水粉

作品名 送别 | 作者 王浩 | 尺寸 520×380mm | 材料 水粉

作品名 沟通 | 作者 王文茜 | 尺寸 520×380mm | 材料 水粉

作品名 读书 | 作者 叶子修 | 尺寸 520×380mm | 材料 水粉

作品名 灿烂午后 | 作者 郑丽斯 | 尺寸 520×380mm | 材料 水粉

作品名 车票 | 作者 卢天琪 | 尺寸 380×520mm | 材料 水粉

作品名 兄弟Ι作者 郑丽斯Ι尺寸 520×380mmΙ材料 水粉

作品名 回家Ι作者 王浩Ι尺寸 520×380mmΙ材料 水粉

作品名 过马路 | 作者 叶子修 | 尺寸 520×380mm | 材料 水粉

作品名 七夕情人节 | 作者 王文茜 | 尺寸 520×380mm | 材料 水粉

作品名 冬泳 | 作者 王图南 | 尺寸 380×520mm | 材料 水粉

作品名 植树节 | 作者 叶子修 | 尺寸 520×380mm | 材料 水粉

作品名 祖国 | 作者 叶子修 | 尺寸 520×380mm | 材料 水粉

作品名 片警丨作者 赵延斌丨尺寸 380×520mm丨材料 水粉

作品名 暴风雪 | 作者 卢天琪 | 尺寸 380×520mm | 材料 水粉

作品名 邮递员 | 作者 王文茜 | 尺寸 520×380mm | 材料 水粉

作品名 途中丨作者 王浩丨尺寸 380×520mm丨材料 水粉

作品名 回家 | 作者 陈雅洁 | 尺寸 380×520mm | 材料 水粉

韩和克（原名韩鹏）

1997 年考入中央美术学院附中

2001 年以造型专业第一名成绩考入中央美术学院，并获得入学一等奖学金

2006 年毕业于雕塑系

2000 年与张馨予创办久和美术中考、高考培训中心

张馨予

2002 年 2007 年就读中央美术学院雕塑系展望工作室

2007 年 6 月参加泰国曼谷唐人画廊“纪事，美域，未来——70 后新锐艺术展”

久和画室至今为中央美术学院附中、中央美术学院、清华大学美术学院、中央戏剧学院、北京电影学院、北京传媒大学、中国人民大学、首都师范大学、中国戏曲学院等美术类高校输送了大量的优秀学生。

久和美术联系方式：13910257620　13811652499

好好学习天天向上

美术高考是怀有艺术理想的年轻人走进艺术殿堂的必经之路。在这条充满坎坷的考学之路上学子们为之付出了辛勤的汗水和宝贵的青春。一些同学取得成功，考入自己理想的院校，还有一些同学，依然年复一年地为自己梦想的学校而努力。

我认为，只要你是一个努力的学生就没有做不到的事。我见过不努力的、不会选择的、没有好机遇的学生，但就是没见过笨的学生。只要肯努力，都能做得更好。我在学画时(考附中前)曾暗下决心，不考进前十我就不上。我们要鼓起勇气，这样谁都不能取代我们。

机会总是属于有准备的人，学习也是要讲究效率的。灵气和感受都不是最重要的，合理安排学习计划与良好的心态是必需的。靠感觉可以在两三天内画得很好，但也可能在两三天内完全不会画画，相信大家对此都有体会。真正学懂才是永远都忘不了的。心态也是很重要的，有好的心态才能有清晰的思路去研究理论知识，去控制眼睛与手头功夫的结合。如果总是慌张和不自信，那就会阻碍进步。所以甩掉包袱轻装前进，才会让你走得更远。同时重视自己的感受是非常重要的，要学画先要学会玩，玩好了才能感受到。就把速写当成日记吧!最好走到哪里就画到哪里。把你喜欢的不喜欢的、好看的不好看的、好吃的不好吃的、好玩的不好玩的、好用的不好用的都画出来让别人看，你会感受到更多的收获。

想超越自己的偶像最好的办法就是紧跟其后，全神贯注地去学习他的生活和学习状态，然后加倍努力最后反超。亲爱的同学们，在这里我要把我的考学经验与你们分享，我的成绩一半是教师的给予，一半是我的努力。好好学习天天向上!

可怜之人必有可悲之处

那些没考上大学，游荡在灯火辉煌的北京城里的同学，尤其是漫步在火车站附近的那些不知归去还是归来的同学，他们的脸上都会有一丝落寞。

为什么没考上，问问自己究竟做了些什么?别人在努力按老师要求画画时你们是不是还在固执己见?别人在清早起床多画两张速写时你们是不是还在呼呼大睡?别人在报名分析学校时你们是不是还在聊天网游? 结果是自己造成的，不能怨天尤人。

许多考生一混就是三年甚至更长时间，但成绩却一年不如一年。什么画班都去过了，什么老师都领教过了，到头来真本事没学到多少。在自己身上多找找原因吧! 及早纠正在学习态度上所存在的偏差，避免在艺术道路上走弯路。

韩和克

韩和克作品曾收录在以下书籍中：

《中央美术学院附中 50 年作品经典》

《中央美术学院附属中等美术学校学生留校作品集》

《中央美术学院附中留校作品经典》

《中央美术学院藏石膏素描作品经典》

《走进美术学院绘画百问》

《完美教学》系列丛书

《中央美术学院造型基础素描教学》

《中央美术学院学生优秀作品集》

《中央美术学院基础部教学——袁元教学》

《中央美术学院造型艺术基础部学生优秀作品谈》

《中央美术学院考前辅导》系列 VCD 光盘

示范素描头像、素描半身像、素描手脚

图书在版编目（CIP）数据

央美附中坚实教学与考前实战 / 韩和克编著．—北京：中国青年出版社，2010.9

（央美视界 / 王海强主编）

ISBN 978-7-5006-9463-2

I. ①央… II. ①韩… III. ①绘画-作品综合集-中国-现代 IV. ① J221

中国版本图书馆CIP数据核字（2010）第148361号

央美附中坚实教学与考前实战

王海强 / 主编　　韩和克 / 编著

出版发行：中国青年出版社

地　　址：北京市东四十二条21号

邮政编码：100708

电　　话：（010）59521188 / 59521189

传　　真：（010）59521111

企　　划：中青雄狮数码传媒科技有限公司

策划编辑：王海强

责任编辑：郭　光　黄晓蕾

封面设计：彭　涛

印　　刷：北京华联印刷有限公司

开　　本：635 x 965　1/8

印　　张：21.5

版　　次：2010年9月北京第1版

印　　次：2010年9月第1次印刷

印　　数：3000册

书　　号：ISBN 978-7-5006-9463-2

定　　价：80.00元

本书如有印装质量等问题，请与本社联系　电话：（010）59521188 / 59521189

读者来信：reader@cypmedia.com

如有其他问题请访问我们的网站：www.21books.com

"北京北大方正电子有限公司"授权本书使用如下方正字体

封面：方正兰亭系列